考える人の

【上級】
日本語 読解

著

奥山貴之
OKUYAMA Takayuki

宇津木奈美子
UTSUKI Namiko

東会娟
DONG Huijuan

語彙リスト付き
英語・中国語・
ベトナム 語
訳付き

にほんごの
凡人社

はじめに

　本書は、日本の大学・大学院などへの進学を目指す外国人留学生や、学部初年次教育を受ける外国人留学生などが使用することを想定しています。日本語能力試験（JLPT）の N1 取得前後の日本語学習者が使用することが望ましいです。

　本書を使って行うことができる学習は、主に以下の 4 つです。

① 社会的なトピックや、アカデミックなトピックの入門的な読み物を読み、知識を得る。

② 自分を取り巻く世界や社会で起きていることについて自らに引きつけながら考え、その中で日本語の 4 技能（読む・書く・聞く・話す）を用いる。

③ アカデミックな場面で課される「考える」「調べる」「話し合う」「レジュメを作成する」などのタスクを行う。

④ 日本語を用いて内容について学び考える中で、自分の生活や人生の選択の材料を得る。

　文章の内容理解を確認する問題は、日本語能力試験（JLPT）のような選択問題のほか、記述式問題を収録しています。また、調べたり、話し合ったり、考えたり、レジュメを作成したりという、アカデミックな場面で課されるタスクも収録しています。内容を学ぶための日本語、タスクを達成するための日本語、という意識を持って学習に取り組むことが求められます。

　本書を作成するにあたっては、帝京大学、ISI 日本語学校、凡人社編集部の方々に大変お世話になりました。また、試用のための特別授業に参加し留学生の立場から貴重な意見をくださった鄭夢芸さんと田敬宗さん、ISI 日本語学校でテキストを試用して貴重なアドバイスをくださった村岡亮さんに、改めてお礼を申し上げます。全ての方のお名前をあげることはできませんが、多くの方に支えられ本書を刊行することができました。ありがとうございました。

著者一同

もくじ

1章 ゲームと人と社会と私

2章 言語と向き合う

3章 子どもと自尊感情

本書は、1章ごとに以下のような構成になっており、1章で「45分授業×4コマ」程度の時間を使うことを想定しています。

本書の使い方

[各章の構成]

「導入」	
「読む①」	本文
	「内容理解」
「考える①」	
「読む②」	本文
	「内容理解」
「考える②」	
「考えるヒント」	

次の図を参考に、状況に合わせて使い方を調整してください。

[使い方の例]

とびら（20分程度）

とびらは、テーマの学習に入る前に、テーマに関することを話し合い、読む準備をするためのものです。質問やイラストなどを材料に、クラスでいろいろな話をしてください。テーマについての既有知識や想像力を活性化させましょう。

⇩

「読む」黙読と「内容理解」（30分程度）

「読む」を黙読し、「内容理解」の問題を解きます。「辞書なしで読み、その後、気になる言葉を辞書や語彙リストで確認する」「辞書や語彙リストを使いながら読む」など、読み方は日本語の習得度に合わせて変えてください。「内容を400字以内でまとめる」ようなタイプの問題は時間がかかります。授業内で解いてもいいですが、宿題にしてもいいでしょう。黙読と「内容理解」の問題が他の人より早く終わる人は、「考える」をしたり、「考えるヒント」を読んだりしてください。

⇩

音読と 「内容理解」 の答えの確認 （40分程度）	段落ごとに音読をし、内容を確認します。段落ごとにどのようなことが書かれているか、確認しながら進めてください。その上で、その段落でできる「内容理解」の問題の解答を確認します。音読を省略し、段落ごとに内容を確認しながら、「内容理解」の問題の解答を確認する方法もとれます。

「考える」 （40分程度）	「考える」は、「読む」の内容を自分に引きつけて考えたり、自分で調べものをしたり、グループで話し合いをしたりして、より内容の理解を深め広げることを目的としています。グループでの話し合いは、他者を尊重しつつ、考えを述べたり話を聞いたりする姿勢や方法を身につけることも目的の1つとなります。グループごとの話し合いの内容をクラス全体でシェアする活動を入れたりすると、一人ひとりがより多様な考えや情報に触れることができます。

レジュメを 作成しよう （30分～／宿題）	大学や大学院の少人数での演習形式の授業（ゼミナールなど）では、学生が発表する際の資料としてレジュメを作成することがあります。「研究って何？」の「考えるヒント」をよく読んで、「読む」からレジュメを作成してください。レジュメ作りの中で、本文の内容をもう一度捉え直し、整理することができます。また、他者に伝えるためには、どうすればわかりやすいかという点も、考え、学ぶことができます。「読む」を読んでレジュメを作ることまでを宿題にし、レジュメを使ってクラスで発表するという活動をしてもいいでしょう。

プラスα	「考える」の活動のあと、考えたことや疑問に思ったことを書いてまとめると、文章の内容や話し合いの活動、自分が考えたことなどを振り返ることができます。10分程度時間をとって、「自分の考え、感想、疑問」などを書いてください。書いたコメントを次の授業の際に、クラス全員に紹介するなどしてもいいでしょう。

質問です！

1 章

ゲームと人と社会と私

1 子どものころにした遊びの中で、印象に残っているものは何ですか。その遊びのどんなところがおもしろいと思っていましたか（思いますか）。

2 いろいろな遊びの中でも、コンピューターゲームが好きな人に対してどのようなイメージがありますか。また、社会的にどのようなイメージを持たれていると思いますか。

＊本章では「コンピューターゲーム」「ゲーム」の表記があるが、いずれも PC、家庭用ゲーム機、携帯型ゲーム機などのコンピューターを用いたデジタルゲームを指す。

ゲームの今と将来

ゲームクリエイターとして、父親として

　筆者（渡辺）には3人の息子がいます。長男はすでに小学校の3年生で、ゲームについても遊び盛り。筆者自身、「ゲームクリエイター、またはゲーム研究者のはしくれ」ですが、時を忘れてゲームにハマるわが子を見るたびに以下を自問自答してしまいます。

5

　　ゲームは本当に社会に役立っているのだろうか？
　　もしかしたら、ただの「害」なのではないだろうか？

　私自身、この問いに対する明確な答えを持っていません。しかし、ゲームが本当の意味で社会
10 に受け入れてもらえるための「条件」のようなものは感じています。ここでは、この「条件」を示すものとして、日本のロケット開発の父と呼ばれる糸川英夫氏の言葉を紹介したいと思います。
　　＜略＞
　糸川氏は遊びに関しても造詣が深く、『世界玩具大図鑑』※1に、遊びにまつわる寄稿をされています。その中で「アリは25%の時間で仕事をし、75%の時間は遊んでいる」という有名な実
15 験を紹介しながら、こう述べています。

　　一見無意味に見えるアリの遊びの行動は、未来の変化に備えての、さまざまなオケージョン※2に対応できる能力を学習しているといえるのである。女王アリのおしりをさわるというのも、女王アリの体臭を学習しているのであり、たとえ遠くに離れたとし
20 ても、風に乗った女王アリの体臭を頼りに巣に戻ることができるのである。環境の変化というのは、予知不可能なものであり、それに対応できるかどうかは、生存の問題に関わるたいへん重要なことなのである。アリの75パーセントの時間は、えさを運ぶという本来の目的からそれていても、生存のために不可欠なⒶ遊びの時間なのである。
　　人間にも全く同じことがいえよう。24時間、目的のためにのみ働き、遊びを欠いた
25 生活をしている人は、環境の変化にうまく対応することができないが、豊かな遊びの世界を持っている人は、本当的なカンが養われており、フレキシブルに変化に対応でき、創造的な生き方を拓いていくことができる。だから、アリのように働くという言葉は、アリのように遊べ、といいかえるのが本当であろう。

——「『遊び』の復権」、糸川秀夫、

30
『世界玩具大図鑑　別冊太陽リビング』、平凡社、1982年、p.138

糸川氏の言葉通り、未来に対する適応度を高める行為が「遊び」だとすると、「ゲーム」はまだ彼の言う「遊び」の段階に入っていないのかもしれません。なぜなら、ゲームと現実世界は乖離していると多くの人々に理解されているからです。

しかし、いま現在、そのような状況だとしても、将来においてはゲームと現実世界が近しいものであるという社会的な理解が進むかもしれません。実際、多くのゲームクリエイターがそのように感じているのではないでしょうか。

筆者も、子を持つひとりのゲームクリエイターとして、将来的にゲームが、人の心に挑戦する気持ちを育むものとなることを期待しています。また、いつかはゲームが、糸川氏が考える「遊び」になれることを期待しています。

＜略＞

ゲーム産業を志す人へ

＜略＞次の写真をご覧ください。[Ⓑ]**20 年以上も前のファミコン**^{※3}**のカセット**で、私のコレクションの一部です。

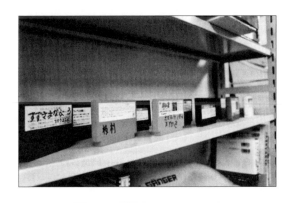

見て分かるように、ファミコンのカセットには氏名や番号が書き込まれています。これは当時の子どもたちがゲームソフトの貸し借りをしていたことを表す痕跡です。しかし、最近はこうしたゲームの交換は行われなくなってきたようです。もし皆さんがゲーム産業を志すとしたら、それは極めて進化の早い世界に身を置くことだと知っていなければなりません。ゲーム業界は、おそらく、あらゆるコンテンツ産業の中で、進化や淘汰が最も激しい世界だと言えるでしょう。

ゲームは、アート的な側面だけでなく、工業製品という側面も強く併せ持っています。そして、テクノロジーの進化によってクリエイターに必要とされる知識や、顧客が求めるトレンドが、数年間で劇的に変わっていきます。

皆さんもご存じのようにゲームの供給媒体は、カートリッジの時代が終わりを迎えつつあり、ディスク販売から、ダウンロード配信に変化しています。今後もこの変化のスピードは変わらないでしょう。既存のテクノロジーは常に陳腐化していくのです。

しかし、友人たちとゲーム体験を共有したいと思う「人間の心」は今も昔も変わりません。ゲームは古くなっても、人間そのものの質は変わらないからです。先の「名前の書かれたカートリッジ」は、そのような人間の本質を象徴する現象だと言えるかもしれません。

　　＜略＞

70　また、ゲームデザインを志す方々に、絵画や小説、映画と同じように、現実世界からゲームを写し取る「ゲームデッサン」という手法に関しても君たち自身に考えてもらいたいと思っています。©ゲームは再編集がしやすいメディアです。見た目を変更するだけで、別のゲームのように見せたり、ゲームの一部とゲームの一部を組み合わせて別のゲームを作り出してしまうことも比較的簡単にできてしまいます。

75　ゲームデザインを学ぶ人たちは、このような「ゲームの再編集」という手法でゲームを作りがちです。なぜなら、簡単に新しいゲームが作れてしまうように思えるからです。このようなゲームの再編集によるゲームデザインは、ゲーム会社でも普通に行われています（オリジナルが分からないように、複数のゲームを加工する場合が多いですが）。

　　再編集ですから、ゲームを作る前の企画書の段階から内容を想像しやすいと言えるでしょう。80企画書を審査し正式なプロジェクトとして進めるか否かを判断する経営者側にとっても、どんなゲームか理解するのは容易です。また、クリエイターも、複数人のチーム体制で制作しますから、ゲームに存在する楽しさをチーム内でわざわざ言葉にせずとも「お約束」として楽しさの方向性を統一することができます。

　　ファミコン全盛の80年代以降、短期間でゲームを量産するために、再編集によるゲームデザ85インは必要不可欠でした。この手法には、結果的にゲーム産業全体の裾野を広げたという重要な成果があります。

　　しかしながら、模倣や再編集でしかゲームが作れないとしたら、長期的には縮小再生産しか存在しないことになりますから、業界自体が縮小していかざるをえません。やはり、別の「新たなものを生み出す挑戦の手法」が必要なのです。そのひとつが、「現実世界を観察し、ゲームデザ90インを作り出す方法」。すなわちゲームデッサンです。＜略＞

（渡辺修司・中村彰憲『なぜ人はゲームにハマるのか――開発現場から得た「ゲーム性」の本質』SB クリエイティブ）

＊縦書きを横書きにするにあたり、漢数字を算用数字にした。

※１　『世界玩具大図鑑』：「玩具」の読みは「おもちゃ」「がんぐ」とあるが、読みを確認できなかったため、より一般的な言い方である「おもちゃ」を採用した。

※２　オケージョン：英語の occasion がカタカナ表記の外来語になったもの。「場合」の意味で用いる。

※３　ファミコン：ファミリーコンピューター（Family Computer）の略称。1983 年任天堂より発売され、家庭用テレビゲーム機の市場を拡大・発展させた。

①-1 筆者は、糸川英夫氏の「[Ⓐ]遊び」の定義を、どのようにまとめていますか。

遊びは、_____もの

①-2 筆者は、この「遊び」の定義から考えて、現在ゲームはどのような状況だと言っていますか。また、筆者がそのように考える理由はなんですか。

現在は、_____と考えている。

なぜなら、_____からだ。

② 筆者が「[Ⓑ]20年以上も前のファミコンのカセット」を見せたのはどうしてですか。最も適当な答えを a~d の中から 1 つ選んでください。

a. 自分のコレクションを見せて、自慢するため。

b. ゲームの悪影響から、子どもが落書きをしていることを証明するため。

c. 技術は進歩しても、本質的に新しいゲームは現れていないと批判するため。

d. ゲーム産業の変化の激しさと、それでも変わらないものがあることを示すため。

③ 「[Ⓒ]ゲームは再編集がしやすいメディアです」とありますが、筆者は「再編集」によってゲームを作ることについて、どのように考えていますか。最も適当な答えを a~d の中から 1 つ選んでください。

a. 再編集はこれからゲームが社会で認められるために、必要な方法である。

b. 再編集だけでは新しいものが生まれてこないので、ゲーム業界が衰退してしまう。

c. 再編集で簡単にゲームを作れるので、熟練した技術者は必要ではなくなる。

d. 再編集は新しいゲームの特徴が分かりやすいので、楽しみながら制作できる。

（次のページにつづく）

4 ゲームに関する筆者の、「父親」としての懸念、「先輩ゲームクリエイター」としての懸念について、下線部に当てはまる言葉を書いて、まとめてください。

　　　筆者は、① ＿＿＿＿＿＿＿＿＿＿＿＿＿＿＿＿＿ を見て、ゲームは② ＿＿＿＿＿＿＿＿＿＿

＿＿＿＿＿＿、③ ＿＿＿＿＿＿＿＿＿＿＿＿＿、という疑問を持っている。

　　　しかし、筆者は、ゲームが④ ＿＿＿＿＿＿＿＿＿＿＿＿＿＿＿＿＿＿＿＿＿＿＿こと、

⑤ ＿＿＿＿＿＿＿＿＿＿＿＿＿＿＿＿＿ことを期待している。

　　　一方、⑥ ＿＿＿＿＿＿＿＿＿＿＿に対して、この産業が⑦ ＿＿＿＿＿＿＿＿＿＿＿＿＿

産業であることを指摘している。そして、よく用いられる⑧ ＿＿＿＿＿＿＿ゲームの⑨ ＿＿＿＿＿

＿＿＿＿という制作手法だけでは新しいものが生まれず、業界が⑩ ＿＿＿＿＿＿＿＿＿＿ため、

⑪ ＿＿＿＿＿＿＿＿＿＿＿＿＿＿＿＿＿方法をしっかり学んでほしいと述べている。

5 筆者が、ゲームにおいて大切なものと考えているものは何ですか。3文字で答えてください。

「遊びは未来に対する適応度を高めるものだ」というのは、糸川秀夫の「遊び」について の考え方です。「遊び」と「ゲーム」について考えてみましょう。

1 あなたが今までしたことがある、見たことがあるゲームを3つ挙げ、それぞれ糸川氏の考える「遊び」 に当てはまるか考察してください。

	ゲームソフトのタイトル	考察
①		
②		
③		

2 社会の中でゲームをどのように役立てることができるかクラスの仲間と話し合ってみましょう。

ゲームは悪影響を及ぼすのか？

　2002年、[Ⓐ]『ゲーム脳の恐怖』（森昭雄著）という本が出版され、それまで子育て中の親が感じていた「コンピューターゲームは人間に悪い影響を与え、犯罪や問題行動を引き起こすのではないか」という不安に、科学的な根拠を与えるものとして社会で取り上げられた。この本は、ゲームをすることで脳の機能が低下し「ゲーム脳」となり、さまざまな問題行動につながるとしたものだった。しかし、その後「ゲーム脳」については、多くの専門家から批判が出て、今では科学的根拠がないと言われている。

5

　こうして「ゲーム脳」については一定の決着を得てはいるものの、ゲームに対する社会の中でのイメージは、「ゲーム脳」以前も以後も大きな変化はないと言えるだろう。

10　表1は、ゲームと犯罪を関係づける雑誌や新聞の記事のタイトルをまとめたものである。『ゲーム脳の恐怖』の影響を受けた記事のタイトルがいくつか見られるが、その出版以前からも、ゲームを犯罪と結び付ける記事があることがわかる。

15

表1　ゲームと犯罪を関連付ける記事のタイトル

	年　月	雑誌・新聞名	タイトル
①	1997年6月	「朝日新聞」	「ゲーム世代　現実超え」（神戸連続殺傷事件の記事）
②	1999年5月	『週刊朝日』	「山口発　母子殺人18歳少年の不可解　凶行当日、銃乱射ゲームに狂う」
③	2000年6月	『文藝春秋』	「TVゲーム・パソコンわが家のルール大公開─読者投稿（特集　わが子を犯罪に走らせぬために）」
④	2001年12月	『文藝春秋』	「少年犯罪とゲームの深刻な関係」
⑤	2003年10月	『週刊文春』	「わが子を『犯罪者』にしないための『ゲーム脳』研究」（1）～（3）
⑥	2005年3月	『週刊ポスト』	「事件追跡17歳少年を寝屋川市立中央小学校『教師殺害』に走らせたゲーム脳　あなたの子供も危ない1日3時間のテレビゲームで前頭葉に異常」
⑦	2005年8月	『週刊現代』	「少年『学校乱入殺人』事件『酒鬼薔薇聖斗に惹かれていた』17歳ゲームマニアの『殺害日記』」

20

25

30

　表2は、[Ⓑ]**少年による殺人事件についての記事の内容**を抜き出したものだ。②が 2015 年の記事であることを考えると、「ゲームは人間に悪影響を与える」という考え方が根強く残っていることがわかる。これらの記事のような考え方に、なんとなく賛同する人は今でも多いのではないだろうか。

　任天堂からファミリーコンピュータ、いわゆるファミコンが発売されたのは、1983 年である。このファミコンによって、家庭にゲームが普及していった。そして、1994 年になると、SONY からプレイステーションが発売された。プレイステーションは、全世界で 1 億台以上を売り上げたと言われる。技術の進化に伴い、ゲーム機も性能を上げ、さまざまな種類のゲームが世の中にあふれるようになった。もし、ゲームが人間に悪影響を与えて、殺人の原因となるのであれば、こうしてゲームが普及するにしたがって殺人事件は増えているはずだ。

表2　ゲームと殺人事件を関連付ける記事の内容

	年　月	掲載メディア 記事タイトル	記事内容
①	2000 年 6 月	「朝日新聞」 「少年の心の解明を待とう（社説）」	今回の、事件をめぐっては、コンピューターがつくる仮想現実との関連も論じられている。「我は天帝なり」といった声明文は、テレビゲームなどの影響を推測させる。 （九州で起きたバスジャック事件　複数の死傷者）
②	2015 年 2 月	『日刊ゲンダイ』 「テロリストも真っ青　残忍な手口」	「小さいころから殺戮をテーマにしたゲームやネットに触れている影響でしょう。『画面の中にあることを試したい』と思う子が少なからずいるのです。凶器を用意するのはアイテムを揃える感覚で、彼らとしてはあくまでも"試し使い"。だから殺すつもりがなく、逮捕されても反省の弁がないのです。殺人事件は今後、もっと低年齢化するでしょう。」（識者のコメントを掲載） （川崎市で起こった複数の少年が中学 1 年の少年を殺害した事件）

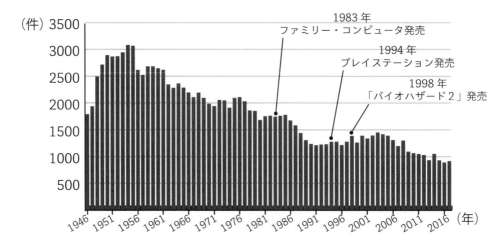

＊殺人は殺人、自殺関与・同意殺人、前記の各罪の予備・未遂の合計
（法務省「犯罪白書」をもとに作成）

図1　日本における殺人事件の認知件数の推移

　　図1を見てみよう。これは日本における殺人の認知件数の推移を表したものだ。1983年の殺人件数は約1700件、その後2002年ごろに一時的に増加に転じるものの、以降は全体として減少傾向にあると言える。つまり、ゲームが急速に普及していった1980年代から殺人が大幅に増加しているという現象は見られないのである。

　　また、ゲームの中の暴力や恐怖を煽る描写の影響についても考えてみよう。こうしたゲームが人間の問題行動や犯罪につながるという見方があることは、表2で見た通りである。ここでは、©「**バイオハザード2**」を材料に考えてみたい。このゲームは1998年にプレイステーションのソフトとして発売され、日本国内だけで215万本も売れたヒットゲームである。映画化されたこともあり、知っている人は多いだろう。自分が操作するキャラクターに襲いかかってくるゾンビを、武器で倒していくこのゲームは、恐怖を感じさせる描写や仕掛けが話題となった。そして、ゾンビを倒したりゾンビに襲われたりする、という点で、暴力的な描写も当然含まれる。では、このバイオハザードは問題行動や犯罪を引き起こしているのか。図1を見ると、1998年の殺人の認知件数は約1,400件であることがわかる。前年に比べて大幅に増えているということはない。ここから、「ゲームが人に悪影響を与え、殺人につながった」と言えるだろうか。

　　次に、ゲームの子どもへの影響という点でも考えてみよう。図2は、未成年の殺人犯検挙人数と少年人口10万人当たりの比率を表したものである。もっとも未成年の殺人犯検挙人数が多いのは1950年代と1960年代である。ゲームが急速に普及していった1980年代以降は、一時的に増加に転じることはあっても、基本的には横ばいか減少傾向だ。ゲームの普及に伴って未成年による殺人が増えているという現象は見られない。

　　このデータからは、暴力の描写や恐怖を煽る描写を含むゲームが原因となって、未成年による殺人事件が起きたとは、言えないだろう。

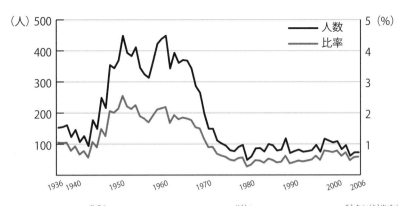

1章

2章

3章

4章

5章

6章

7章

8章

9章

10章

* 警察庁「犯罪統計書」による。比率の昭和 21 〜平成 12 年は「犯罪白書」による。それ以外は総務省統計局サイトの各年
の 10 月 1 日現在年齢別推計人口確定値をもとに独自に算出したもの。昭和 20 〜 47 年 5.14 の沖縄の事件と人口を含まない。
（「少年犯罪データベース」http://kangaeru.s59.xrea.com/G-Satujin.htm をもとに作成）

図 2 未成年の殺人検挙人数と少年人口（10 〜 19 歳）10 万人当りの比率

　こうして殺人事件を例に考えてみると、「ゲームの悪影響から犯罪が起こっている」とは言え
ない。

　　数字上のデータ以外にも、ゲームと人間の関係についての研究はさまざまあり、『ゲームと犯
罪と子どもたち』（ローレンス・カストナー他著）では、先行研究の再検討、子どもへの調査な
どが重ねられている。この研究では、ゲームと⑩子どもの問題行動の関係について、≪原因≫「ゲー
ム」、≪結果≫「問題行動」、という因果関係ではないと分析され、親子の関係、食事や睡眠時間、
周りにいる友人や大人の言動、その子どもがもともと持っている性質、など、ゲーム以外のこと
が子どもの問題行動の要因になるとしている。ゲームをするから問題行動が多いのではなく、何
らかの要因で問題行動を起こす子どもは、ゲームをする時間が長いことがあるというのだ。そし
て、子どもの問題行動だけではなく、殺人や暴力などの犯罪についても同様に、明確な因果関係
は見られないと結論付けている。

　　このように考えてくると、ゲームと犯罪や問題行動を単純な因果関係で捉えるのは安易であ
り、そうしてしまうと、他の重要な要因を見逃すことになるということがわかる。そして、もし、
誰かがゲームばかりして日常生活に支障をきたしていたら、「ゲームが悪い、ゲームを何とかしろ」
と言うのではなく、ゲームばかりしてしまうその背景について考えるべきなのである。それこそ
が、問題解決への第一歩になるはずだ。

［参考］
森昭雄（2002）『ゲーム脳の恐怖』（生活人新書）日本放送出版協会
ローレンス　カトナー・シェリル　K　オルソン著・鈴木南日子訳（2009）『ゲームと犯罪と子どもたち──ハーバー
　　ド大学の大規模調査より』インプレスジャパン

11

① [Ⓐ]『ゲーム脳の恐怖』について、筆者はどのように説明していますか。下線部に当てはまる言葉を書いて、まとめてください。

ゲームをすることで①＿＿＿＿＿＿＿＿＿＿＿＿、②＿＿＿＿＿＿＿＿＿につながると論じた本だったが、実際には③＿＿＿＿＿＿＿＿＿はなかった。

② 筆者が、「[Ⓑ]少年による殺人事件についての記事の内容」を紹介しているのはどうしてだと考えられますか。最も適当な答えを a~d の中から 1 つ選んでください。

a. 少年による殺人事件がどのようにゲームと結び付けられるのか示すため
b. 少年による殺人事件を扱った記事がなぜ多いのか考えさせるため
c. 事件を起こした少年がゲーム好きだったことが問題だと示すため
d. 事件を起こした少年をどうすれば社会復帰させられるか考えさせるため

③-1 筆者が[Ⓒ]「バイオハザード 2」を例に挙げたのは、どうしてですか。下線部に当てはまる言葉を書いて、まとめてください。

『バイオハザード 2』は①＿＿＿＿＿＿と②＿＿＿＿＿＿が含まれるゲームで、

また、③＿＿＿＿＿＿＿＿＿＿＿＿＿＿＿＿＿＿＿＿ゲームなので、

ゲームの影響について考えるのに適当だと筆者が考えたから。

③-2 図 1、図 2、[Ⓒ]「バイオハザード 2」などからゲームの影響について考えた結果、どのようなことがわかったと筆者は述べていますか。

④ 「[Ⓓ]子どもの問題行動」について、筆者が参考にした先行研究ではどのように述べられていますか。最も適当な答えを a~d の中から 1 つ選んでください。

a. さまざまな要因が考えられるが、最も問題なのはやはりゲームである。
b. 子どもの問題行動は暴力や殺人につながるので、解決しなければならない。
c. さまざまな要因が考えられ、ゲームは本質的な原因とは言えない。
d. 子どもの問題行動は因果関係で考えるのではなく、相関関係で考えるべきだ。

⑤ ゲームと犯罪の関係について、筆者はどのように言っていますか。50 字程度でまとめてください。

ゲームについての見方について、考えてみましょう。

1　「ゲーム」の他に「アニメ」も人に悪い影響があると言われることが多いです。なぜ、そのように言われることが多いのでしょうか。理由／原因を考えてみましょう。

2　「ゲーム」や「アニメ」の他に、人間に悪影響があると言われてきたものはありますか。それらと「ゲーム」や「アニメ」を比較してみましょう。

子どもが約束を守らなかったら…

　ゲームをする上で、子どもと親が約束をしている家庭は多い。しかし、子どもが約束を守らなかった場合、親はどうしているのだろうか。

　「『ただ怒られるだけ』という子もいたが、『何度怒られてもやめない時はお母さんがゲーム機を取り上げる』『1週間ゲーム禁止』となんらかのペナルティを課せられる子が多かった。中には『ゲームをお母さんに壊されたので一か月してから自分のおこづかいでまた買った』という子もいた。」（塚本, 2016）

　これを見ると、子どもにゲームと距離をとらせるのに苦労している親がいることがよくわかる。

　子どもが約束を守らなかったときに、ゲーム機を壊してしまうような親に対しては、さまざまな意見があり、「親の本気を見せるためには必要だ」「隠すとか、取り上げるとかぐらいではだめだ」「ダメなものはダメと強く教えなければならない」と賛同する意見もあるようだ。一方で、「感情的になってゲーム機を壊すなんて虐待だ」「子どもの自主性が奪われる」「ゲームを作っている人に謝れ」というように、そうした行為を非難する意見もある。

　では、子どもに約束を守らせるためには、いったいどうすればよいのか、塚本（2016）は、以下のように問題提起をしている。

　「子どもにはテレビを見る時間を制限しながら、親はだらだらと何時間もつけっぱなしにしている。子どもにはゲームの時間を約束させたのに、親は休日などずっとゲームや仕事以外のパソコンをしているという状況では子どもに家庭のルールは入っていかないし、しつけも身についてはいかない。親も子どもとの約束を守ることによって信頼関係が育まれていく。」（塚本, 2016）

　このように、子どもにだけ要求をするのではなく、親と子がお互いに生活やルールについて考え実践していくべきなのではないだろうか。

［参考］
塚本文子（2016）「ケータイとスマホ、そしてゲームのしつけ──それぞれの家庭での取り組み」『児童心理』2016年7月号

2 章

言語と向き合う

Magandang hapon　வணக்கம்　こんにちは　HOLA
Muraho　Hello　HOLA
Selamat siang　สวัสดี　привет
السلام عليكم　Bonjour　안녕하세요　मस्ते
привіт　Xin chào　Merhaba　ဖဂလဝပါ၈
您好　Сайн байна уу
سلام عليكم　Γειά σου　Ciao　Guten tag
Jambo　Olá　Päivää　はいさい
Kia ora

1 　自分の名前の由来を知っていますか。

2 　自分の名前の日本語の読み方に違和感を覚えたことが
　　ありますか。

3 　あなたの国にいくつの言語がありますか。

4 　あなたは状況や場面によって、言語を使い分けていま
　　すか。また、どのように使い分けますか。

私の名は。

【著者紹介】

温又柔（おん・ゆうじゅう）

作家。1980年台湾・台北市生まれ。3歳の時に、家族と東京に引っ越し、台湾語混じりの中国語を話す両親のもとで育つ。2006年、法政大学大学院・国際文化専攻修士課程修了。

2016年、『台湾生まれ　日本語育ち』で第64回日本エッセイストクラブ賞受賞。

2017年、『真ん中の子どもたち』が第157回芥川賞候補となる。

（温又柔『台湾生まれ　日本語育ち』白水社より）

2019年、「文学作品を通じて、複数の文化をルーツに持つ子供の豊かな可能性を示すとともに、日本語や日本文化の魅力を広く発信し、国際文化交流及び多文化共生社会の実現に多大な貢献をしている」として文化庁長官より表彰。

【これまでの要約】

　「わたし」は3歳の時に台湾から来日した。13歳ぐらいから日本語で日記を書いていたが、23歳になって、突然、書けなくなった。なぜ、「外国人」である自分が、すらすらと日本語を書いているのだろうかという疑念を持ったからだ。「書く」ことに関して言えば、日本語は「わたし」にとって、唯一の自在に操る言語であったが、日本語だけが私の言語なのだろうかと自問するようになった。

　私は大学院を修了した年（2006年）、日本語教師となった。

　その年の春、わたしは、外国人児童・生徒に日本語を教える仕事を始めた。都内各地の小中学校に赴き、ほとんど一言も日本語を知らない状態で来日した子どもたちに日本語の初歩の初歩を教えるという内容だ。

　日本語教師の資格はもちろん、教職経験もない。それどころか26歳にもなるのに社会人経験がない。そんなわたしでも「日本語講師」として雇われたのは、中国語が少しばかりできたからだった。中国語圏からやって来た子どもたちに中国語で日本語指導する人材は不足していた。

おぼつかない中国語で日本語を教える日々は、ばたばたと始まった。基本的には1対1だ。同じクラスの子たちが国語や社会などの、言葉がわからなければ理解しようのない授業を受けている間じゅう、中国や台湾から転入したばかりの彼や彼女は、別室——図書室や資料室、学校によっては空き教室が足りず理科室のときもあった——で、わたしによる日本語のレッスンを受ける。子どもたちは自分よりも子どもっぽいわたしの中国語を面白がる。中国語を喋るときのわたしは、幼児——日本語をおぼえる以前——のときの記憶に頼りがちだ。大学の第二外国語で勉強した知識は（わたしがふまじめだったせいもあり）、実践会話の場ではほとんど役に立たなかった。低学年の子は遠慮がないので、温老師的中文不太好（おんせんせいの中国語はじょうずじゃない）とはっきり言う。仰るとおりなので、我要努力学中文、你也要努力学日文（わたしは中国語をがんばるから、あなたも日本語をがんばって）と言い返す。無邪気な憎まれ口を叩いてくる子ほど、わたしといることを全身で楽しんでいるのが伝わった。「不太好（よくない）」な中国語しか話せないとはいえ、「温老師」は、彼らの学校生活の中において中国語で会話ができるほとんど唯一の相手だったのだ。

中国語圏から来日した子どもに限らない。ポルトガル語、スペイン語、タガログ語……自分の意志ではなく、親や、あるいは親に代わる保護者とともに東京で暮らすことになった彼らにとって、日本語は、習得しかけた母国語をいったん脇に置いてでも、生活をするために、急遽、身につけなければならない外国語だった。かつてのわたしのように。

——那么、老師也很辛苦了？

（先生も、大変だったでしょう？）

中学2年生の女の子の大人びた思いやりに、わたしは苦笑する。あなたほどではないわ。わたしは、まだ、とても小さかったから。

父方の曾祖父が戦時中に大陸に渡った日本人だという、中国遼寧省出身の女の子を担当したこともあった。山崎恵美（仮名）という姓名の子だ。彼女の父親は、あちらでは「劉」という姓だったが、来日を機に、祖父の姓「山崎」を名のることにした。

……曾祖父が日本人なら、血縁上は、恵美ちゃんのほうがわたしよりも日本人に近いことになる。もちろん、普段ならこんな考え方、わたしは自分にも他人にも許さない。日本人である根拠を「血」に求めるだなんて。

＜略＞

日本人の曾祖父を持つ恵美ちゃんと出会うことで、23歳のとき以来、わたしの頭の片隅にいつもある問いが、いっそう深まる。

日本人とは、だれのことなのか？　日本語はだれのものなのか？

もしかしたら、戦前、大陸にいたというわたしの母方の祖父は、あちらで恵美ちゃんの曾祖父とすれ違ったことがあるかもしれない。彼らは、日本語で会話をしたに違いない。わたしの祖父は日本語がよくできた。当時の台湾は日本の統治下。だから、こういう言い方も、しようと思えばできる。わたしの祖父も、かつては日本人だった。大陸で出会った「内地人」と、宗主国の言

語で会話を交わすことはわけなかったはずだ。

1945年を境に、台湾は日本領ではなくなる。恵美ちゃんと彼女の両親が育った中国遼寧省をその版図に含んでいた満州国も消滅した。

わたしの祖父は、日本人ではなくなった。大陸に残った恵美ちゃんの曾祖父は、中国人になった？

恵美ちゃんのお父さんは、中華料理屋を経営する親戚を頼り、来日した。戦後、大陸で「山崎」から「劉」に改姓したときの恵美ちゃんの曾祖父は100年も経たないうちに、自身の曾孫が日本の学校に入り、しかも「日本育ちの台湾人」から中国語で日本語を教わることになるとは想像できただろうか？

他の子どもたちが「国語」を教わるあいだ、わたしは図書室で恵美ちゃんに「日本語」を教える。曾祖父が日本人といっても、祖父の代から遼寧省で暮らしていた恵美ちゃんと日本語の関係は、たった今、始まったばかりだ。

やまざきえみ、教わったばかりのひらがなで書く恵美ちゃんの隣で、恵美ちゃんと同じ年頃のときは自分の名前があまり好きではなかったとわたしは思いだしている。ユウジュウ、なんて絶対可笑しい。もっと、_Ⓐ<u>ふつうの、みんなみたいな名まえならよかったのにな……</u>恵美ちゃんの「エミ」は、当時のわたしが憧れた名前のひとつだ。

——是谁给你起名叫 Emi ？

（ねえ、だれがあなたにエミと名づけたの？）

恵美ちゃんは、「Emi ？　我的名字不是 Emi、是 Huìměi」とはにかんだ。

——エミ？　ちがうわ、あたしの名前はフェイ・メイよ。

山崎恵美ちゃんだけではない。

王くん、張さん、郭くん、李さん、周さん、金くん……子どもたちにおぼつかない中国語で懐かしい日本語を教えることがわたしは楽しかった。生きるために新しい言葉を獲得しようと奮闘したり、怠けたり、また奮闘する子どもたちの姿が、小説のための言葉を模索する自分自身に重なることがあった。子どもたちと接しながらわたしはますます、_Ⓑ<u>「国語」に縛られない日本語</u>による小説を書きたい気持ちを募らせていった。

（温又柔『台湾生まれ　日本語育ち』白水社）

＊縦書きを横書きにするにあたり、漢数字を算用数字にした。

内容理解

① 筆者の教えていた子どもたちは、学校でどのように勉強していましたか。下線部に当てはまる言葉を書いて、まとめてください。

① _____がわからず、② _____が理解できないので、

③ _____。

② 子どもたちと「わたし」はどのような関係だったと考えられますか。最も適当な答えを a ～ d の中から 1 つ選んでください。

a. 子どもたちは「わたし」をからかったりしながらも、学校でただ一人の中国語で話ができる相手として、とても信頼していた。

b. 子どもたちと「わたし」は、一緒に中国語を勉強する仲間として、信頼して教え合っていた。

c. 子どもたちは学校の勉強がわからないので、遠慮なく話ができる相手として、「わたし」に不平不満を言っていた。

d. 子どもたちと「わたし」は、お互いに一緒にいることをとても楽しみながら、図書室や資料室で遊んでいた。

③ 「わたし」が教えていた子どもたちにとって、日本語はどのようなものだったと筆者は言っていますか。

④ 「⒜ふつうの、みんなみたいな名まえならよかったのにな……」とありますが、子どもの頃の筆者と「恵美」が自分の名前についてどう思っているのか、まとめてください。

子どもの頃の筆者	
恵美	

5 「⑧『国語』に縛られない日本語」とありますが、それはどのような意味だと考えられますか。最も適当な答えを a~d の中から 1 つ選んでください。

a. 日本育ちなので、日本語を母国語として捉えても問題ないという意味。

b. 親が台湾人なので、日本語を母国語として捉えなくてもいいという意味。

c. 中国語は大学の第二外国語として学んだので、日本語を母国語として捉えるという意味。

d. 日本語を、「日本人の言語」ではなく、「日本人」も「外国人」も使う一つの言語として捉えるという意味。

6 本文の内容を 200 字以内でまとめてください。

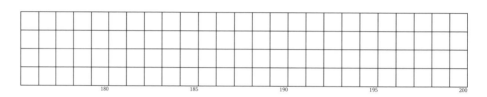

「読む❶」を読んで、言語について、考えてみましょう。

1 日本に来ている「ポルトガル語、スペイン語、タガログ語」を母語としている人は、どの国の人が多いですか。調べてみましょう。

2 「ポルトガル語、スペイン語、タガログ語」を母語とする子どもは、どうして日本に住むことになったと考えられますか。

3 あなたが、もし、日本人と国際結婚をした場合、子どもに日本名をつけたいと思いますか。その理由は何ですか。

多言語状況を考える

<これまでの要約>

　　近代国家は一つの言語で国民を統一することを目標とした。その「単一言語主義」を乗り越えるものとして、「多言語主義」が近年よく論じられているという。筆者は、「多言語状況」について考察するため、ベルギーの役人が場面・相手・会話内容で言語を使い分けていることを紹介した。そして、複数の言語が対等な関係で存在しているのではなく、社会のなかで言語以外のさまざまな制度や価値と結びついており、それぞれの言語は社会的価値がつくる力関係のなかに位置づけられていると述べている。この言語の社会的階層が制度化されると、やがて、「ダイグロシア」と呼ばれる状況が現れるという。

　「Ⓐダイグロシア（diglossia）」とは、社会言語学者のファーガソンが提唱した概念である。それは、ひとつの言語のなかのふたつの変種が、上位のものと下位のものにはっきりと分けられている状態を指す。ファーガソンがあげているのは、つぎの四つの例である。すなわち、スイスにおける標準ドイツ語とスイス・ドイツ語、エジプトにおける正則アラビア語と口語アラビア語、ギリシャにおける古典語と民衆語、ハイチにおけるフランス語とハイチ・クレオール語※であり、それぞれ前者が上位変種、後者が下位変種である。

　「ダイグロシア」のもっとも大きな特徴は、上位変種と下位変種とがそれぞれ使用される領域をはっきりと分け合い、厳格な機能分担の状態にあることである。たとえば、上位変種は、教会の説教、政治演説、大学の講義、ニュース放送、新聞の社説、高尚な文学などで用いられる。それに対して、下位変種は、家族や友だちとの会話、ラジオの大衆ドラマ、大衆文学などで用いられる。厳格な機能分担ということは、ひとつの領域でこのふたつの変種がともに用いられることはないということである。

　　<略>

　「ダイグロシア」が、標準語と方言の使い分けと異なるのは、社会のどの階層も上位変種を日常生活のなかで用いることはないという点にある。しかし、日常会話に用いられないということこそが、上位変種の優位性を確実にしているのである。とりわけ、それが宗教的権威と結びつくときには、そのことばは俗世間と切り離された聖なることばと見なされる。正則アラビア語はその典型であろう。それに対して、ひとびとが日常で用いる下位変種は、ある程度標準化されるこ

とはあっても、けっして学校教育で教えられるような規範をそなえてはいない。むしろ、地域や階層にしたがってさまざまに分化していることばだといえる。

　このような状態では、当然上位変種が下位変種より優位にあるという感情が生まれる。しかも、話し手の規範化された意識のなかでは、存在するのは上位変種だけで、下位変種は存在しないとさえ見なされるという逆説が生まれる。教育を受けたアラビア人は、日常生活ではつねに口語アラビア語を話しながらも、自分はそれを話していないと言い張ることさえあるという。

　また、ハイチ・クレオール語※の教育ある話し手は、自分たちはいつもフランス語を話しており、クレオール語など話したことはないと（それもクレオール語で！）主張しさえする。そのうえ、上位変種をそれほど話せない者でも、上位変種のほうが美しくすぐれたことばであると感じており、いっこうに意味が理解できなくとも、上位変種で演説や講義や詩を聞きたがることもある。

　ファーガソンによれば、このような「ダイグロシア」の状況は、中世ヨーロッパにおけるラテン語と俗語や、東アジアにおける漢文と民族語においてもみられたという。つまり、「ダイグロシア」を支配する上位変種とは、民族や地域の限定を受けない超地域語・超民族語であるのだ。

　このような「ダイグロシア」が生まれる条件は、上位変種で書かれた文学の伝統が存在し、その文学が共同体の基本的価値を体現していることと、読み書き能力が少数のエリートに独占されていることである。そして、これを逆の方向からみると、「ダイグロシア」が解消されるのは、社会がつぎのような方向に向かうときのみである。

　第一に読み書き能力が広く普及すること、第二に共同体内部の異なる地域・社会階層のあいだでのコミュニケーションが増大すること、第三に、もっとも重要なものとして、「標準国民語」（standard "national" language）への欲求が生まれることである。これらの傾向があらわれたとき、共同体の指導者は「言語統一」をもとめるようになる。こうして、かつては支配的だった上位変種は捨て去られ、民族語の統一化がはじまるのである。

「ダイグロシア」の状況は、文字どおりの「多言語状態」であるといえる。ふたつの変種が併存し、しかも下位変種は意図的な規範化をほどこされないまま、社会のさまざまな場面で多様なかたちで用いられつづけている。⑧近代国家における「国語」の体制は、このような「ダイグロシア」の体制を乗り越えようとした結果として生まれたのである。しかし、そのとき、民族語の中心となった特定の変種だけが標準語と見なされ、規範からこぼれ落ちたその他のことばからは公的機能が剥奪され、ときには存在そのものが抑圧されさえする。

　そうであるなら、近代国家の単一言語主義を乗り越えたとしても、「ダイグロシア」に舞い戻ってしまっては、ことばの自由の歴史はずっと後退するのであろう。多様なことばが存在したとしても、それらは否応なく社会的力関係のなかに投げ込まれ、ことばのあいだに一種の階層性を生み出しがちである。もし多言語主義が複数の言語の平等性を認めないなら、それは容易に「ダイグロシア」的状況に戻ってしまうであろう。つまり、ひとつの優越した言語のもとに複数の言語が従属し、しかもそれらの下位言語の多様性は限定した領域のもとでは保証されているという状態が訪れかねないのである。

　したがって、「単一言語主義」か「多言語主義」かという問題は、たんに「一」か「多」かという数の問題としてではなく、たえず言葉の階層性を拒否し、ほんとうの意味での言語的民主主義をいかにして実現するかという方向で問いかけられねばならないだろう。

（イ・ヨンスク『「ことば」という幻影──近代日本の言語イデオロギー』明石書店）

　※　クレオール語：異なる言語を使用する者同士がコミュニケーションをとるために作られた言語をピジンと言う。そのピジンが母語となった場合、クレール語と呼ばれる。植民地などで外来の移住民の言語と土着の言語が接触した結果生じていると言われる。

1-1 「[Ⓐ]ダイグロシア（diglossia）」とは、どのような概念だと筆者は説明していますか。

1-2 「[Ⓐ]ダイグロシア（diglossia）」における上位変種と下位変種の特徴について、下線部に当てはまる言葉を書いて、まとめてください。

上位変種は、^①＿＿＿＿＿＿＿＿＿＿＿＿＿＿＿＿＿＿＿＿＿＿

＿＿＿＿＿＿＿＿＿＿＿＿＿＿＿＿＿＿などで使われ、^②＿＿＿＿＿＿＿＿では使われない。

下位変種は、^③＿＿＿＿＿＿＿＿＿＿＿＿＿＿＿＿＿＿＿＿＿＿

などで使われ、^④＿＿＿＿＿＿＿＿＿＿＿＿＿＿＿＿＿＿＿がない。

1-3 「[Ⓐ]ダイグロシア（diglossia）」の状況の中で、どのようなことが起きると筆者は言っていますか。当てはまるものすべてに〇を書いてください。

a. 下位変種が上位変種よりも劣ったものだという認識ができる。
b. 上位変種を使う人々と、下位変種を使う人々のコミュニケーションがなくなる。
c. 上位変種が優位であるという意識から、下位変種は存在しないという認識が生まれる。
d. 下位変種しか使えない人は、劣等感から下位変種を使っていることを認めなくなる。
e. 上位変種を理解できなくても、上位変種での演説や講義を聞きたがる人が出てくる。
f. 下位変種に規範がないことを問題視し、規範を作ろうという動きが出てくる。

2 「[Ⓑ]近代国家における「国語」の体制」について、筆者はどのように説明していますか。下線部に当てはまる言葉を書いて、まとめてください。

近代国家における「国語」の体制は、^①＿＿＿＿＿＿＿＿＿主義である。この体制は、

^②＿＿＿＿＿＿＿＿＿＿の状況を乗り越えようとして生まれた。^③＿＿＿＿＿＿＿＿があり

^④＿＿＿＿＿＿＿＿＿＿＿＿＿＿＿＿＿、^⑤＿＿＿＿＿＿＿＿＿＿使われて

いることが問題だったからだ。

しかし、近代国家における「国語」の体制は、^⑥＿＿＿＿＿＿＿＿＿＿＿＿＿＿

を抑圧することになった。

（次のページにつづく）

③ 筆者の主張と合うものはどれですか。最も適当な答えを a～d の中から 1 つ選んでください。

a. 単一言語主義でも多言語主義でも、言語の階層性があるのは当然で、国が介入するべきではない。

b. それぞれの民族が自治を獲得するためには、単一言語主義を排して、多言語主義を実現しなければならない。

c. 単一言語主義は、多言語状況を改善し近代国家を発展させる上で有効なので推進したほうがよい。

d. 複数の言語が序列をつけられることなく平等である多言語状況を目指すべきだ。

考える
2

あなたの身近にある言語状況について、考えてみましょう。

1 この掲示の特徴について説明しなさい。

立入禁止

No Entry
禁止入内
禁止進入
출입금지
Bawal Pumasok
Proibida a Entrada
Cấm vào

入らないで　ください

2 あなたの身近にある多言語状況を調べてみましょう。

（例：電車、病院、役所、……では、どんな言語が使われていますか。）

3 現在の生活で、多言語に対応してくれるといいと思うものは何ですか。

4 あなたの国では、どのような多言語対応がなされていますか。

27

考えるヒント

義務教育は日本人だけ？

近年、急速な国際化や、1990 年の「出入国管理及び難民認定法」の改正の施行により在留外国人数は増加し、2019 年 6 月現在で 282 万 9,416 人（法務省 , 2019）となっています。オールドカマーと呼ばれる在日韓国・朝鮮籍の特別永住者等に加え、近年では上述の法律改正の施行を契機にニューカマーと呼ばれる日系南米人をはじめとする外国人やその子どもの数が増加しています。

文部科学省（当時は文部省）は 1991 年より、公立小・中・高等学校等を対象に「日本語指導が必要な外国人児童生徒の受け入れ状況等に関する調査」を開始しています。2018 年の調査によると、日本語指導が必要な外国籍の児童生徒は 40,485 人となり、調査開始後、最多となっています（注）。母語別にみると、ポルトガル語が 10,404 人、中国語が 9,600 人、フィリピノ語が 7,893 人、スペイン語が 3,786 人となっており、これらの 4 言語だけで、全体の約 8 割を占めています。

しかし、この統計からこぼれている子どもたちの存在も指摘されています。それは、いわゆる不就学と言われている子どもたちの存在です。日本では日本国籍を持たない子どもを義務教育の対象とはしていないことから、潜在的に小学校や中学校に行っていない子どもたちがいると言われています。この期間に教育が受けられない場合は、各学年相応の認知的活動がなかなかできないという状況に陥ります。その結果、将来の進学や就職の展望も持ちにくくなってしまいます。

「子どもの権利条約（Convention on the Rights of the Child）」の第 28 条では、初等教育を義務的なものとしており、日本も 1994 年に批准しています。しかし、学校、教育委員会、司法における認識や対策は十分だとは言えない状況だとされています（宮島 , 2014）。

今後、日本におけるすべての国籍の子どもの教育が義務化され保障されることが望まれます。

（注）日本語指導が必要な日本国籍の児童生徒は 10,274 人となっています。なお、日本語指導が必要な日本国籍の児童生徒には、帰国児童生徒のほかに日本国籍を含む重国籍の場合や、保護者の国際結婚により家庭内言語が日本語以外という子どもなども含まれています。

［参考］
法務省（2019）「令和元年 6 月末現在における在留外国人数について（速報値）」http://www.moj.go.jp/nyuukokukanri/kouhou/nyuukokukanri04_00083.html ＜ 2020 年 3 月 31 日取得＞
宮島喬（2014）『外国人の子どもの教育——就学の現状と教育を受ける権利』東京大学出版会
文部科学省（2019）「『日本語指導が必要な児童生徒の受入状況等に関する調査（平成 30 年度）』の結果について」https://www.mext.go.jp/b_menu/houdou/31/09/1421569.htm ＜ 2020 年 3 月 31 日取得＞

子どもと自尊感情（じそん）

Q 自分の気持ちに最もよく当てはまる数字を○で囲んでください。

1：強くそう思わない　　2：そう思わない
3：そう思う　　　　　　4：強くそう思う

1	私は、自分自身にだいたい満足している。	1	2	3	4
2	時々、自分はまったくダメだと思うことがある。	1	2	3	4
3	私にはけっこう長所があると感じている。	1	2	3	4
4	私は、他の大半の人と同じくらいに物事がこなせる。	1	2	3	4
5	私には誇（ほこ）れるものが大してないと感じる。	1	2	3	4
6	時々、自分は役に立たないと強く感じることがある。	1	2	3	4
7	自分は少なくとも他の人と同じくらい価値のある人間だと感じている。	1	2	3	4
8	自分のことをもう少し尊敬できたらいいと思う。	1	2	3	4
9	よく、私は落ちこぼれだと思ってしまう。	1	2	3	4
10	私は、自分のことを前向きに考えている。	1	2	3	4

＊「ロゼンバーグの自尊感情尺度（じそん）（しゃくど）」（Miura & Griffiths（2007）による日本語版 RSE（Rosenberg Self Esteem Scale））。25 点までが自尊感情（じそん）の低い人、26 点以上が自尊感情（じそん）の高い人と言われる。

Mimura, C., & Griffiths, P. (2007). A Japanese version of the Rosenberg Self-Esteem Scale: Translation and equivalence assessment. *Journal of Psychosomatic Research, 62*(5), 589-594.

幸福度の低い日本の子ども

日本の子どもの幸福度

　2007 年 2 月、ユニセフの研究所が世界の先進国の子どもたちの幸福度調査結果を発表しました。日本は、不足データのため、総合評価のランクには含まれませんでしたが、集計されたデータでは、いずれも下位でした。特に子どもの主観的な幸福度の中で、「孤独を感じる」と答えた
5 子どもの比率は約 30% と、他の国の 5 〜 10% に比べて突出して高いことが、報告書でも強調されており、報道でも取りあげられていました。これは極めて重要な結果だと私は思っていますが、あまり話題になりませんでした。

　臨床や学校現場で接する子どもたちもまた、<u>Ⓐその調査結果に通ずる印象を私に与えます</u>。家庭にいても、学校にいても、毎日友だちと何通もメールを交換しても孤独に感じる。親と一緒に
10 過ごしていても孤独で、幸福感や満足感の乏しい子どもたち。もちろん、接する多くの親御さんは、子どもによりよい生活をしてもらいたいと当然考えておられます。しかし、その期待が、時に過剰に感じられることも事実です。少子化の現在、子どもたちにはそれが無言のプレッシャーになっています。

　自分の期待したとおり子どもが育っていかない。そうすると親は、否定的な考えを持ちます。
15 子どもはそれをまた無言のプレッシャーと感じています。家にいてもその無言のプレッシャーを感じる。家族で旅行に行ってもそこから解放されることはないのです。

　こういった期待は、時代を超えていつの世も存在するもので、人の親としては当然の思いなのでしょうが、しかし、そのプレッシャーの度合いは、今かなり増していると私自身は感じています。
　　＜略＞

20
中高年、親世代、子ども

　私は日々、病院や学校を行き来していると、学校教育や行政指導の中心を担っているいわゆる団塊の世代もしくはそれよりも上の 1940 年代生まれの世代と、現在子育てを行っている中心の
1960 〜 70 年代生まれの世代、そしてその子どもたちの間に<u>Ⓑ大きなギャップ</u>があるような気が
25 してなりません。

　1940 年代生まれの大人は元気で、自分たちが現代の日本を作ってきたと自負しており、比較的自己肯定的です。そして今でもそれなりに生活を満喫していると思います。一方、子育てを行っている世代は、自分自身の将来、家族の将来に大きな不安を持っています。現在の生活だけではなく、将来に関していろいろな悩みを抱えています。子どもたちはその親の不安を感じ取って、
30 本人自身が自覚することはありませんが、さながら自分にも責任があるかのように心の中では被

害的に受け止めています。

　また、社会ではどうでしょうか。一握りの成功者を称賛する風潮、所得格差の増大、国際競争と業績至上主義。一方でワーキングプア、引きこもりの増加、将来に希望が持てず職を転々とする若者たちのことも報道されています。ほとんどの若者は、本人なりに努力しているように見受けられますが、評価されなかったり、達成感が乏しかったり、希望や生きがいを見いだせない状況があります。きちんと教えられたことも学ぶ機会もないのに、自己責任が強調される。ほんの一握りの成功を収めた人物は英雄視されますが、それ以外の大多数は注目されないし、わずかな失敗も厳しく批判されてしまう雰囲気が社会に溢れています。そして団塊の世代の方の中には、相変わらず、そのような若者を「負け組」「格差社会の下層社会組」等として、自己責任として切り捨ててしまう傾向がある人が多いように思います。

　社会のそんな雰囲気の中で、低成長時代に生まれた子どもたちは、マイナスのメッセージを送り続けられているように感じます。閉塞した時代に生まれてきたのは彼らのせいではないのに、こういった時代状況の中で、我々大人たちは、子どもたちに、今のままではダメだ、ダメだ、という言外のメッセージを送りつづけているのではないでしょうか。しかし子どもたちにとってみれば、どんなに社会状況が厳しくとも、自分を認め、自分の存在に自信を持って生きていくことが必要ですし、その権利があるはずなのです。

　成績のよい子、何ら問題行動を起こさない子、社会で称賛される行動や運動成果を上げている子ども、は大丈夫でしょうか。実はこのような子どもにおいても、生活の満足度は高くありません。外国で目にする子どもたちと比べて、屈託のない明るさ、希望が乏しいように思うのは気のせいではないと思います。

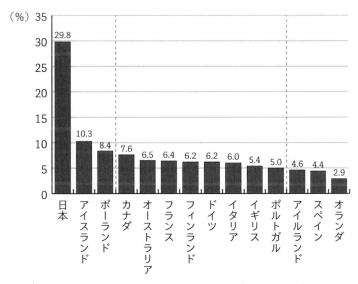

図1　「孤独を感じる」と答えた15歳児の割合の比較上位3カ国、下位3カ国と主要国

（ユニセフ 2007 年調査）

子どもへの接し方

それでは、このような時代に育つ子どもにどのように接すればよいのでしょうか。

一言で言えば、やはり、子どもの存在をあるがままに肯定することだろうと思うのです。心の居場所を提供して育むことです。私は、子ども自身、そして大人が子どもの心の居場所があるか
70　どうかを確認するコンセプトは「自尊感情」であると思います。

子どもたちは、大人から指摘されるまでもなく、自分自身の欠点はある程度はよく知っていると思います。欠点をふまえた上で、それで自信をなくすのではなく、自分を肯定的にとらえて、みんなと協調していくことができること、そして、そのようなことが許される家庭、学校、社会のありかたを目指すことが重要でしょう。

75

（古荘純一『日本の子どもの自尊感情はなぜ低いのか──児童精神科医の現場報告』（光文社新書）光文社）

(1) 「<u>Ⓐその調査結果に通ずる印象を私に与えます</u>」とありますが、それはどのような調査結果ですか。
下線部に当てはまる言葉を書いて、まとめてください。

① ＿＿＿＿＿＿＿＿＿＿＿＿＿による② ＿＿＿＿＿＿＿＿＿＿＿＿＿＿＿＿＿＿＿＿＿

調査の中で、③ ＿＿＿＿＿＿＿＿＿＿＿＿＿＿＿＿＿＿＿＿＿＿＿＿＿＿＿＿＿

＿＿＿＿＿＿＿＿＿＿＿＿＿＿＿＿＿＿＿＿＿＿＿＿＿。

(2) 子どもたちが親から感じている 2 種類の「無言（むごん）のプレッシャー」を挙げてください。

① ＿＿＿＿＿＿＿＿＿＿＿＿＿＿＿＿＿＿＿＿＿

② ＿＿＿＿＿＿＿＿＿＿＿＿＿＿＿＿＿＿＿＿＿＿＿＿＿＿＿＿＿＿

(3) 「<u>Ⓑ大きなギャップ</u>」とありますが、筆者はそれぞれの世代の特徴についてどのように言っていますか。表に記入して整理してください。

中高年（ちゅうこうねん）	親世代	子ども
＿＿＿＿＿年代生まれ	＿＿＿＿＿年代生まれ	

(4) 筆者は子どもを取り巻く（とりまく）社会について、どのような状態だと言っていますか。最も適当な答えを
a~d の中から 1 つ選んでください。

a. 若者（わかもの）たちの本人なりの努力が少しずつ報われる（むくわれる）ようになっている。

b. わずかな失敗でも許されない重苦しい（おもくるしい）空気に満ち（みち）ている。

c. ほんの一握り（ひとにぎり）の成功者を攻撃する人が増えてきている。

d. 一部の団塊（だんかい）の世代の人が「負け組」と呼ばれ、切り捨てられ（きりすてられ）ている。

（次のページにつづく）

5 筆者は、今の子どもに接するうえで、自尊感情が重要なコンセプトだと述べています。下線部に当てはまる言葉を書いて、筆者の主張をまとめてください。

少子化の現在、子どもたちは家庭では、親から① _____ を受けるだけではなく、

親の② _____ を感じ取り、さながら③ _____ ように心の中で

④ _____ に受け止めている。一方で、社会ではほとんどの若者が本人なりに努力

しているにもかかわらず、⑤ _____ なかったり、⑥ _____ が乏しかったり、

⑦ _____ を見いだせない状況にある。このような閉塞した時代に生まれて

きた子どもたちは、大人から⑧ _____ を送り続けられてきた。しかし、

子どもたちにとって、どんなに厳しい社会状況においても、⑨ _____ に自信を持って

生きていくことが必要であり、その⑩ _____ がある。

大人は子どもを⑪ _____ ことが求められる。

考える
1

子どもに関する問題について、考えてみましょう。

1 子どものころ、親や先生などのまわりの大人に言われて、うれしかったことは何ですか。嫌だったこ
とは何ですか。

2 子どものころ、両親や周囲からのプレッシャーを感じたことがありますか。それはどのようなもので
したか。

3 日本では子どもの自尊感情が低いことが問題視されていますが、あなたの国の子どもには何か指摘さ
れている問題や傾向がありますか。もしあれば、それはどのようなものですか。

「自尊感情を高めよう」を再考

ここまでの考察で、筆者は「自尊感情」を高めれば心理的・社会的問題が解決され、個人の行動や人格が適応的になるという考え方に対して疑問を投げかけ、「自尊感情」の高さよりも、その高さの質に注目する必要があると指摘した。つまり、「自尊感情」が高ければそれでよいというわけではない、ということだ。ここからさらに、「自尊感情」の低さについての考察が続く。

自尊感情が低いことをどう捉えるか

ここで見逃されがちなのが、自尊感情の低さの問題である。自尊感情神話に対する批判的検討の視点の多くは「自尊感情が高いことが絶対的善ではない」という方向性で展開された。だが自尊感情神話には、自尊感情の低さを社会問題の根源とする、低い自尊感情のもつ「社会的毒性」を仮定し、自尊感情の低い状態を非難するという側面もあった。この点に対する疑問、すなわち、「自尊感情が低いことが悪であるのか」を問う議論はあまり展開されていない。自尊感情の低さに注目することは、Ⓐ自尊感情の議論に新たな一石を投じるものとなるだろう。正直にいうと、筆者のもともとの問題意識はここにある。「自尊感情の高い人はよいといわれているが本当はそんなによくないのではないか」ということよりも、「本当はさほど矯正する必要もないのに、自尊感情の低い人を矯正すべき対象としてしまっているのではないか」ということの方が深刻な問題のように思う。

我々は自分の感情をコントロールしようとすればするほど、その感情を増幅させてしまう。自尊感情を高めようとする働きかけによって、自尊感情の低い人が自身の自尊感情の低さをより強く自覚し、そして、そのような自尊感情をもつ自分をさらに否定してしまう可能性が想定される。自尊感情が高いか低いかというカテゴリーを新たに知ることによって、自尊感情が低いという主観的基準における自己否定の問題に加え、その態度を客観的基準によって否定されるという二重否定を体験させられるということである。

また、日本の子どもの自尊感情は欧米に比べて低く、しばしばその低さが問題視される（古荘, 2009; 佐藤, 2009）。だが、我が国における自尊感情の議論では、「低さ」の意味を考えることが非常に重要であると筆者は考える。

自尊感情の低い人の心理的世界をどう理解すればよいだろうか。

代替となる適応様式が存在する可能性

　<略> 私たちは、自己という存在から逃れることができない。「この私」として、「自己」を中核的要素とする主観的な経験世界を生きている。その枠組みの中で、各自が適応的に生きる[※1]ための様式が獲得される。

　その適応様式は、各自の自己とその人が生きる主観的な経験世界との関数によって異なる。たとえば不安定型とされる良好とはいえない親子間の愛着パターンが、別の観点からとらえると、その親子にとってのかかわり合いを維持するためのものとしての機能が指摘される（遠藤・数井 , 1991）。それと同様に、自尊感情の低い人は、独自の適応プロセスを発達させている可能性がある。

　参考になるのが楽観主義的思考に関する知見である。物事や課題に対した際に、その結果を信じ、自分はその結果をつくることができるという“楽観主義”の方略をとることは、実際によい成績を残す上でも、さらには社会的に好まれ、周囲からの評価もよいという点でも有効である（Segerstrom, 2006; Seligman, 1990）。それゆえ、楽観的であることの価値を報告する研究は数多くみられ、いうなれば、楽観性が“善”で悲観性が“悪”であるといった二分法的な考え方も広がりつつある（外山・市原 , 2008）。だが、将来の課題に対して悲観的になることで課題に対する対応策を十分に考え、その結果高いパフォーマンスを示す、つまり楽観的に考えないことによって成績の向上につなげるという方略があることも明らかにされた。ノレムとキャンター（Norem & Cantor, 1986）は、このような方略を「[B]**防衛的悲観主義** （defensive pessimism）」とよんだ。<略>

　防衛的悲観主義者のように、自尊感情の低い人がそれなりの適応様式によって適応を維持しているならば、自尊感情を高めようとする働きかけが、自尊感情の低い人なりの適応様式を阻害してしまう可能性が想定される。もちろんそれが維持されるべきか否かは慎重に見極める必要があるが、自尊感情を高める働きかけがその人の適応様式の変更を強いる側面をもつということは留意すべきであろう。<略>

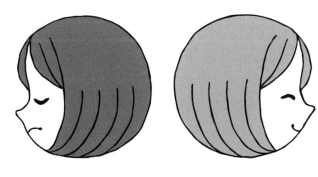

自己への否定的評価がもつ意味

　自己を否定的に評価すること、また、自己を肯定できないことが、どのくらいその人にとって致命的な事態であるのかについても、吟味する必要があろう。

　＜略＞

70　北山（1998）は、「欧米においての自己は各人の中にある静的実体として捉えられているのに対して、日本の自己は短所の発見とそれに基づいた向上がセットになった一種の時間的変化を伴った行為として捉えられている」（p.147）と述べる。そして、これからの成長・変化というプロセスを含みこんだ上で自己がとらえられるのである。それは、「自らの過去の行為の中に問題点を見つけだし、それを改めるべく意思表示をする行為のパターン」（北山, 1998, p.147）とし

75　ての「反省」の慣習を前提とするとされる。

　そのような場合には自分のあり方に対する評価は否定的になる。だが、自己はそこにとどまる存在だとはとらえられておらず、そこからよりよい存在になれると信じられている。このように、自己への否定的評価がよりよい存在になれるという自己への信頼や、実際にそうなろうとしている主体としての感覚のゆえに生じている場合には、©自己への否定的評価は個人の適応を阻害す

80　るものとはならないだろう。

　＜略＞

自尊感情の文化的差異

　他者との協調性が重視される社会においては、自尊感情（self-esteem）や自己賞賛（self-

85　appraisal）は、その文化で共有される価値と相容れないことがある。自己批判や自己を控えめにとらえることを推奨し、強化し、習慣的な反応傾向として内面化させるような文化がある。その文化的状況の下に示される自尊感情の低さには、関係性の調節や維持という独特の機能が指摘されている。

　「自尊心」を『広辞苑』でひもとくと、「自尊の気持。特に、自分の尊厳を意識・主張して、他

90　人の干渉を排除しようとする心理・態度。プライド」と説明されており、何となく否定的なニュアンスが漂う。「自尊」の意味は「自ら尊大にかまえること、うぬぼれること」とあり、ますます否定的な意味合いが際立ってくる。これらの説明は、自尊の気持ちを抱く際には他者への謙虚な態度の放棄、むしろ他者の排除といった事態が伴うことを暗に意味している。このような見解は、私たちが素朴に生活の中で身につけてきた「自尊」に対する認識に符合するのではないだろ

95　うか。そのような「自尊」をもたない自分に対し、むしろ自尊感情が高まるという複雑な構図があるのではないか。

　自己の価値を認めていても、価値ある自己を表現するよりも、日本において価値を置かれている"謙遜"の表現が優先されることもある。その場合、低い自己評価が表現される。文化的価値をとりこみながら発達するという適応過程の結果として、自尊感情が高くならない（示されない）

100　ことも可能性として考えられる。吉田ら（1982）によると、日本の児童では小学3年生くらい

から自己卑下的にふるまう行動が観察されており、日本社会では社会化の過程において自己批判や自己卑下が学ばれていたことが指摘されている。

　謙遜しながらも肯定的に生きることができるのは、謙遜を美徳とする価値の共有があり、その価値を実現している自己への承認を受けられるからであろう。あるいは、相互に謙遜し合う関係において、互いに、自分ではなく他人の価値を認めるやりとりを交換し合うことで、少なくとも人から「否定されない」という人並み感を確認できているのかもしれない。それが「これでよい」[※2]という感覚をもたらしているとも考えられる。

　ただし、社会的変化に伴い、日本においてもコミュニケーションの質は変化しつつある。謙遜という価値を共有し合い、互いに牽制しつつも補い合う“世間”（阿部, 1995）の変容とともに、自己観も変容しつつある。実はこのことが、昨今の自尊感情昂揚推奨の動きにも大きく関わっていると考えられる。

（中間玲子編『自尊感情の心理学——理解を深める「取扱説明書」』金子書房）

※1　適応的に生きる：ここでは、一般的な社会生活に問題がなく生きること。

※2　「これでよい」：引用元の文献の中で、筆者は「自己評価の低い人の上手なあきらめ」について言及し、肯定することができない自分も含めて、「これでよい」と思う心性があると述べている。

［参考］

阿部謹也（1995）.『「世間」とは何か』講談社 .

遠藤俊彦・数井みゆき（2005）.『アタッチメント——生涯にわたる絆』ミネルヴァ書房 .

北山忍（1998）.『認知科学モノグラフ9：自己と感情——文化心理学による問いかけ』日本認知科学会編 , 共立出版 .

佐藤淑子（2009）.『日本の子どもと自尊心』中公新書

外山美樹・市原学（2008）.「中学生の学業成績の向上におけるテスト対処方略と学業コンピテンスの影響：認知的方略の違いの観点から」『教育心理学研究』（56）, 72-80.

古荘純一（2009）.『日本の子どもの自尊感情はなぜ低いのか——児童精神科医の現場報告』光文社新書

吉田寿夫・古城和敬・加来秀俊（1982）.「児童の自己呈示の発達に関する研究」『教育心理学研究』（30）, 120-127

Norem, J. K., & Cantor, N. (1986). Anticipatory and post hoc cushioning strategies: Optimism and defensive pessimism in "risky" situations. *Cognitive Therapy and Research, 10*, 347-362.

Segerstrom, S. C. (2006). *Breaking Murphy's law: How optimism get what they want from life-and pessimist can too.* Guilford Press: New York. ［島井哲志監訳・新井まゆみ訳（2008）.『幸せを呼ぶ法則——楽観性のポジティブ心理学』星和書店 ］

Seligman, M. E. P. (1990). *Learned optimism.* Arthur Pine Association: New York. ［山村宣子訳（1994）.『オプティミストはなぜ成功するか』講談社文庫 ］

① 「[Ⓐ]自尊感情の議論」とありますが、筆者はこの後どのような議論をしようとしていますか。

②-1 「[Ⓑ]防衛的悲観主義（defensive pessimism）」とありますが、それはどのような方略ですか。

_____

という方略

②-2 どうして、筆者はここで「[Ⓑ]防衛的悲観主義（defensive pessimism）」について言及しましたか。

_____が悪いことばかりではないことを示すため。

③ 「[Ⓒ]自己への否定的評価は個人の適応を阻害するものとはならない」とありますが、それはどのような場合だと筆者は言っていますか。最も適当な答えをa〜dの中から1つ選んでください。

a. 自己が各人の中にある静的実体として捉えられている場合

b. 自分の否定的な評価がそのまま変わらないと捉えられている場合

c. 自己への否定的評価がよりよい存在になれるという自己への信頼ゆえに生じている場合

d. 自分を改める意思があることを他人に示すために「反省」している場合

④ 筆者は、日本社会での「自尊感情」の捉えられ方について、どのように述べていますか。下線部に当てはまる言葉を書いて、まとめてください。

　　日本では、そもそも①_____に②_____な意味合いが強く、また、文化的にも謙遜を美徳としてきた。そのため、③_____をしたり④_____にとらえる傾向がある。謙遜しながらも⑤_____生きることができるのは、謙遜を美徳とする価値を⑥_____しており、その価値を実現している⑦_____につながるからだ。

　　しかし、社会的変化に伴い、⑧_____も、⑨_____も変容しつつある。そのため、自尊感情昂揚が推奨されるようになってきた。

考える 2

自尊感情について、考えてみましょう。

1 あなたは自分のことをどのように捉える傾向がありますか。その捉え方について、あなたはどう思っ
ーー ていますか。その理由は何ですか。クラスの仲間の話も聞いてみましょう。

2 「読む❶」と「読む❷」の論旨が大きく異なる点についてまとめてください。あなたはそれについてど
ーー う考えますか。クラスの仲間の意見も聞いてみましょう。

	論旨が大きく異なる点
「読む❶」	
「読む❷」	

各国の高校生は自分についてどう思うか

高校生の生活と意識に関する調査報告書
──日本・米国・中国・韓国の比較──

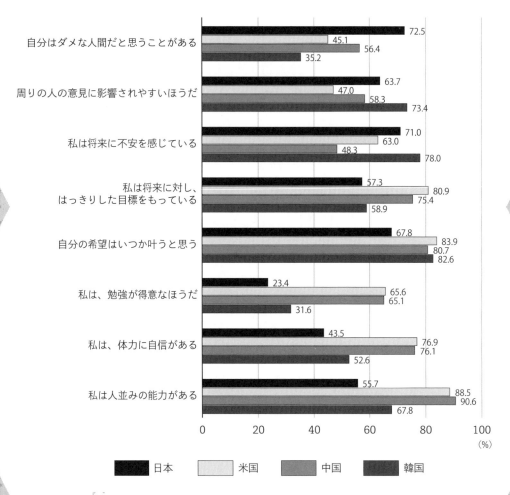

自分はダメな人間だと思うことがある
- 72.5
- 45.1
- 56.4
- 35.2

周りの人の意見に影響されやすいほうだ
- 63.7
- 47.0
- 58.3
- 73.4

私は将来に不安を感じている
- 71.0
- 63.0
- 48.3
- 78.0

私は将来に対し、はっきりした目標をもっている
- 57.3
- 80.9
- 75.4
- 58.9

自分の希望はいつか叶うと思う
- 67.8
- 83.9
- 80.7
- 82.6

私は、勉強が得意なほうだ
- 23.4
- 65.6
- 65.1
- 31.6

私は、体力に自信がある
- 43.5
- 76.9
- 76.1
- 52.6

私は人並みの能力がある
- 55.7
- 88.5
- 90.6
- 67.8

凡例：■ 日本　□ 米国　■ 中国　■ 韓国

※自己評価（「とてもそう思う」「まあそう思う」と回答した者の割合）による

（国立青少年教育振興機構（2015）「高校生の生活と意識に関する調査報告書」をもとに作成）

4 章

変わりゆく世界

1 あなたにとっての人類の三大発明品は何ですか。そう
考える理由は何ですか。

---

2 もし、今と違う時代や場所で生活しなければならない
としたら、どの時代のどこで生活しますか。なぜその
時代のその場所を選ぶのか、理由も考えてください。

高度経済成長期の日本

高度経済成長期に迎えた東京五輪（1964年）

　Ⓐ1964年の東京五輪開催は、日本の発展の上で大きなエポックになりました。

　五輪開催に向けて、東海道新幹線の建設が進み、名神高速道路、東名高速道路も完成しました。これらの建設資金は、世界銀行からの融資でした。

5　ちなみに、私が初めて東海道新幹線に乗ったのは、1968年のこと。高校の修学旅行で東京から京都まででした。「窓が開かないぞ」などと騒いでいた同級生がいたような……。

　そして1964年10月10日が五輪の開会式。世界中から選手を受け入れた日本人は、先進国の仲間入りも近い気配を感じて感激ひとしおでした。

　いまでこそ整備された東京ですが、五輪開会前の東京の街はゴミだらけでした。「世界からの

10　お客様をお迎えするのだから街をきれいに」と、都民挙げての清掃活動が実施されました。

　当時の東京の住宅街では、各家の前に木製のゴミ箱があり、清掃車がひとつひとつの箱のふたを開けてゴミを回収しました。トイレはくみ取り。バキュームカーが近づいてくると、臭いでわかりました。ハエも多く、各家庭の中にはハエ取り紙が天井からつるされていました。

　東南アジアなどに旅行すると、自動車の警笛の騒音に驚く人も多いと思いますが、当時の東京

15　も自動車騒音が問題になっていました。1958年、東京で「騒音防止条例」ができて、自動車のクラクションが規制されます。それ以降、日本国内ではむやみに警笛をならさないようになったのです。

　　＜略＞

20　### 高度経済成長の影

　前章は日本の戦後の高度経済成長を取り上げました。高度経済成長には光と影がありました。影の部分で最大のものが「Ⓑ公害」でした。

　「公害」という言葉は、その頃に定着しました。それまでは、汚染物質の放出など加害者が明確なものばかりでした。

25　ところが、汚染物質排出の出所がはっきりしなかったり、あるいは多数の関係者がいて多数の被害者が存在したり、というタイプの問題が頻発するようになり、これらを、「公害」と呼ぶようになったのです。

　公害に関しては、汚染物質を排出している企業の責任や、その会社の社員の対応、さらに専門家の判断をめぐり、さまざまな問題が噴出しました。

30　君たち※1の多くは、やがて社会に出て、企業の研究員などとして仕事をすることになります。

そのとき、もしあなたの企業が汚染物質を排出していることがわかったら、あなたはどんな態度・行動を取りますか？　＜略＞

公害の原点となった「奇病」

「公害の原点」とも言えるのが、水俣病です。水俣病が公害病として公式確認されてから57年がたちますが、いまでも救済が続いています。水俣病は終わっていないのです。

多数の患者を出した原因は、水俣市の企業である新日本窒素肥料株式会社でした。この会社は1965年に「チッソ」に社名変更しますので、ここではチッソに統一して表記します。

最初に患者が見つかったのは、1956年4月のことでした。チッソ付属病院に5歳の少女が運び込まれたのです。手足がしびれ、意識がもうろうとしていました。さらに近所にも似た症状の患者が発見されました。

付属病院の院長は、水俣保健所に「原因不明の中枢神経疾患が多発」と報告します。周辺では人間ばかりでなく、猫にも同様の症状が出ていました。

1956年5月、熊本日日新聞が「水俣に子供の奇病——同じ原因か　猫にも発生」と報じました。行政により「水俣市奇病対策委員会」が設置されます。当時は「奇病」と呼ばれたのです。

患者はすべて漁業に従事し、水俣湾周辺に集中していました。このため感染症を疑われ、患者は隔離されます。一家で発病している家庭もあることから、遺伝病という差別も生まれました。患者は病気と差別の両方に苦しめられたのです。

水俣市の対策委員会は、熊本大学医学部に原因究明を依頼します。

原因はメチル水銀（有機水銀）でした。当時のチッソは、塩化ビニールの可塑剤の原料になるオクタノールを製造していました。塩化ビニールをさまざまな商品に加工する上で、形を変えやすくする可塑剤は、なくてはならないもの。オクタノール製造では全国の65％のシェアを持つ企業でした。

カーバイド→アセチレン→アセトアルデヒド→オクタノールと進む製造過程で触媒として硫酸第二水銀（無機水銀）が使われ、ここからメチル水銀（有機水銀）が発生し、工場排水として水俣湾に排出されていました。とはいえ、そのメカニズムが解明されるには、長い時間がかかり、患者は増え続けたのです。

水俣市はチッソの企業城下町でした。JR水俣駅の目の前にチッソ水俣工場の正門があります。市民の多くがチッソ関連の仕事に従事していたため、「お殿様※2」を城下町の人たちは批判できなかったのです。

熊本大学による工場排水の調査協力要請をチッソは拒否します。それどころか、汚染隠しに走りました。1958年、それまで水俣湾に流していた排水を水俣川の河口に流すように変更したのです。いったん貯水槽にためて鉄分を沈殿させ、見た目はきれいになった排水を流しました。

その結果、排水は不知火海（八代海）全体に広がり、水俣湾周辺だけだった患者は、不知火海沿岸全体にまで広がったのです。

　　　＜略＞

©結局、「チッソの排水が原因」との政府見解が確定するのは1968年になってからのことでした。

1973年、チッソは被害者に賠償します。1976年には、チッソの当時の社長と工場長が業務上過失致死傷で起訴され、有罪になりました。

この事件は、公害企業で働く社員に何ができるのかを社員に問うものでもあったのです。

（池上彰『池上彰教授の東工大講義　日本編——この日本で生きる君が知っておくべき「戦後史の学び方」』文藝春秋）

※1　君たち：工学系の学生への授業で話した内容を文章にしたものなので、この場合、「君たち」＝工学部の学生。

※2　お殿様：江戸時代に大名・旗本を敬って呼んだ呼び方。つまりある武士の集団のトップ。ここでは、「企業城下町」企業を中心とした町の、トップということ。

① 「[Ⓐ]1964 年の東京五輪開催」以前の東京はどんな状態だったと筆者は言っていますか。

①_____や②_____が多く、③_____も問題になっていた。

②-1 「[Ⓑ]公害」という言葉はいつごろ日本社会に定着したと筆者は言っていますか。

②-2 以前と比べて、どのような変化があって、「[Ⓑ]公害」という言葉が定着するようになったと筆者は言っていますか。

①_____が不明瞭な例や、②_____や③_____が多い例が

増加して、「公害」という言葉を使うようになった。

③ 水俣病が広がっていたとき、水俣市民はどうしていたと筆者は言っていますか。最も適当な答えを a~d の中から 1 つ選んでください。

a. 公害の拡大を防ぐため、工場排水を制限するよう企業に働きかけていた。
b. 病気の感染拡大を防ぐため、町の消毒と清掃に力を入れていた。
c. 市の経済を活性化するため、新たな工場を誘致しようとしていた。
d. 公害企業が市民の生活に大きな影響力を持っていたので、何も言えなかった。

④ 「[Ⓒ]結局、『チッソの排水が原因』との政府見解が確定するのは 1968 年になってからのことでした」とありますが、政府見解が確定するまで時間がかかった原因は何だと言っていますか。当てはまるものすべてに〇を書いてください。

a. 水俣湾だけではなく、近くの不知火湾にも被害が広がっていたから。
b. 病気の原因がすぐに科学的に解明されなかったから。
c. 市民は企業との関係上、声を上げるのが難しかったから。
d. 市民が公害企業を追い出したため、企業の協力が得られなかったから。
e. 国に公害を認定する機関がなかったから。
f. 公害企業が、汚染を隠蔽しようとしたから。

（次のページにつづく）

5 以下のキーワードを用いて、「読む❶」を 400 字程度に要約してください。

［キーワード：東京五輪、高度経済成長、公害、水俣病］

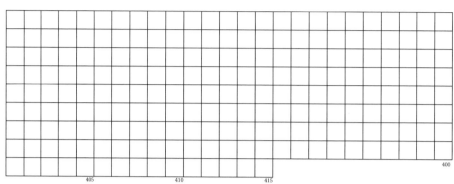

405   410   415   400

48

考える 1

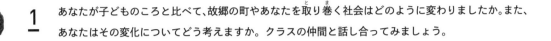

社会の変化と公害について、考えてみましょう。

1 あなたが子どものころと比べて、故郷の町やあなたを取り巻く社会はどのように変わりましたか。また、あなたはその変化についてどう考えますか。クラスの仲間と話し合ってみましょう。

2 あなたは空気や水や土壌の汚染などで体調が悪くなったことがありますか。また、身のまわりでそのようなことを聞いたことがありますか。

3 この数年で急成長を遂げている会社があるとします。しかし、その会社は急成長の影で深刻な公害を引き起こしています。もし、あなたがその会社の社員で、その事実を知ってしまったら、どうしますか。理由も述べてください。クラスの仲間と話し合ってみましょう。

持続可能な社会

　国際社会が環境問題について話し合う際に、重要なキーワードの一つとして挙げられるのが「持続可能性」である。「sustainability」という英語の翻訳であるが、カタカナを用いてサスティナビリティと表すこともある。この持続可能性という概念は、今では環境・経済・社会・制度などさまざまな分野で使われているが、もともとは環境分野で使われ始めたものだ。環境分野で

5 「Ⓐ持続可能な開発（sustainable development）」と言われていたものが、他の分野にも使われるようになる中で「持続可能性」と言われるようになった。

　「持続可能な開発」という概念は、1987年に「環境と開発に関する世界委員会」が公表した報告書、「われら共有の未来（Our Common Future）」において中心的な考え方として取り上げられたものだ。この報告書で、持続可能な開発は「将来の世代の欲求を満たしつつ、現在の世代の

10 欲求も満足させるような開発」と定義される。この概念は、環境と開発を相反するものではなく共存し得るものとしてとらえ、環境保全を考慮した開発が重要だという考えに基づいている。このような考え方は、どのように生まれてきたのだろうか。まずは、その来歴をたどっていきたい。

　1950年代以降、急激な工業化によって経済的な発展が進むと共に、先進国では公害が社会問題

15 として顕在化していった。日本は、1950年代後半から1970年代前半の高度経済成長期に大きく経済的な発展を遂げ、その中で水俣病・第二水俣病・イタイイタイ病・四日市ぜんそく、などの公害病が発生した。経済優先、生産第一主義が推し進められる中で、多くの人の命と健康、生活を損なう激甚な公害を経験したのである。こうした公害の経験は、工業化によって発展を遂げた国に共通するものであった。

20

25

30

このような中で、1972年、世界で初めて環境問題についての大規模な会議が開催された。開催された都市の名前から「ストックホルム会議」と言われる。環境問題、また資源枯渇や人口増加を懸念して開かれた国際会議だったが、ここで今日まで続く[Ⓑ]**南北の対立構造**が明らかとなった。この南北の対立構造とは、南に多くある途上国と、北に多くある先進国の環境問題に対する考え方の対立である。先進国は、これまで好きなだけ資源を使い、開発の中で地球環境を破壊してきた。そのおかげで現在の繁栄がある。環境問題はすべての国の将来に関わる問題であるとは言え、その先進国から「環境に配慮して開発を抑えろ」と言われても途上国には受け入れられない。「多くの開発途上国にとっては、経済成長の実現、雇用の確保、貧困の克服などが主要関心事であり、自国の環境保護にともなうコスト負担には否定的」（青山, 2013）な状況であった。また、開発のための機会均等の原則は、国連憲章や世界人権宣言にも明記されており、どの国も「発展の権利」を有していることは言うまでもない。

この南北の対立は、「開発」と「環境保全」を対立概念として考えているだけでは解決するのは難しい。そこで生まれたのが、「持続可能な開発」という概念であった。環境破壊や資源枯渇は、人間の健康や生活を破壊し、経済活動にも支障をきたすことになる。経済成長は、環境保全の技術や資金をつくり、省資源型の技術開発にもつながる。というように、人間社会の良好な発展の両輪として「開発」と「環境保全」を位置付けたのだ。そして、将来世代に負担（環境破壊や資源の枯渇）を残さず、現在の世代も自分たちの豊かな生活を追及する。このような意味で、「持続可能な開発」という概念は生まれたのである。

ここまで「持続可能な開発」という概念の来歴をたどってきたが、では、実際にそのようなことが可能なのだろうか。もちろん、その[Ⓒ]**実践**は簡単なことではない。現在も「開発」と「環境保全」を巡る南北の対立は残っており、また、途上国、先進国に関わらず、経済的な成長やその水準の維持を優先して、環境保全や省資源がなおざりにされることも多い。それでも、ストックホルム会議以降、環境問題についての国際会議が引き続き行われるようになり、世界全体でこの問題に取り組もうという流れができ、さまざまな取り組みが生まれてきた。

例えば、以前は公害を規制する法律がなかった国も、公害を規制する法律がつくられるようになった。また、他の地域と同様、東南アジアでも経済成長と共に大気汚染が進んだが、その対策の一つとして、1990年代にガソリン中の鉛の削減^{※1}が進められた。そして、マレーシア・タイ・フィリピンでは2000年に、ベトナムでは2001年にガソリンの無鉛化が達成されている。クアラルンプール^{※2}では、1980年代には鉛の濃度が環境基準を上回る観測点が存在したが、この取り組みにより1990年代には状況が改善され、基準を上回る観測点がなくなるという成果が上がっている。

また、さまざまな地域で、環境に配慮した農業を推進する動きもある。日本では、農林水産省によって「環境保全型農業」が提唱された。これは、「農業のもつ物質循環機能を生かし、生産性との調和などに留意しつつ、土づくり等を通じて化学肥料、農薬の使用等による環境負荷の軽

減に配慮した持続的な農業」（「環境保全型農業の基本的考え方」1994年）と定義される。化学肥料や農薬は土壌や水を汚染するだけでなく、農薬が作物に残ればそれを口にする消費者の健康も損なう。そういう意味では、環境保全型農業は、消費者に安全な作物を提供するものでもある。その後、1999年にはエコファーマーを認定※3し、支援する体制がつくられた。エコファーマー

70 認定数は、2001年（1,126人）、2005年（7万5,699人）、2016年（15万4,669人）と、着実にその数を増やし、取り組みが広がっている。そして、化学肥料と農薬の使用も徐々に減少する様子が見られる。

    これらの取り組みは、今ある問題を100％解決するものではない。また「持続可能な開発」と

75 いう概念も理想にすぎないという意見も、もちろんあるだろう。しかし、「開発」も「環境保全」も、どちらも人間社会にとって容易に捨てられるものではない。「開発を諦めろ」というのは、豊かな生活を目指すことを放棄させることであり、インフラや医療や教育の不備などに苦しむ人々を無視することだ。「環境保全を諦めろ」というのは、空気や水などの汚染に苦しむ人々を無視することであるし、将来世代が汚染や資源の枯渇に苦しんだりすることを無視することである。い

80 つ、どこで、誰がそのような苦しい立場に立たされるかは、誰にもわからない。だからこそ、自分のため、自分が関わる人のため、そして、見ず知らずの誰かのために「持続可能な開発」という目標を掲げ、少しずつでも取り組みを重ねていくことが重要なのである。

※1 ガソリン中の鉛：車のエンジンの不具合を予防するため、鉛入りのガソリンがよく用いられた。その後、ガソリンに鉛が含まれると、排気ガスがより人体に有害なものになることがわかった。

※2 クアラルンプール：マレーシアの首都

※3 エコファーマー認定：堆肥の利用、化学肥料や化学農薬の使用の削減などを計画し、都道府県知事に届け出て認定される必要がある。

[参考]
青山利勝（2013）「国際開発援助の変容——南北問題から地球環境問題へ」『国民経済雑誌』207（5），pp.51-71.
農林水産省環境保全型農業推進本部（1994）「環境保全型農業の基本的考え方」

内 容 理 解

1 「[Ⓐ]持続可能な開発（sustainable development）」の定義を本文中から探してください。

2 ここで言う、「[Ⓑ]南北の対立構造」とはどのようなものですか。最も適当な答えを a~d の中から 1

つ選んでください。

a.　北の先進国と南の途上国で、環境保護と開発への姿勢が異なっているということ
b.　北の先進国と南の途上国の間で、貿易摩擦が起きているということ
c.　北の先進国と南の途上国とで、資源と人材を奪い合っているということ
d.　北の先進国も南の途上国も、環境破壊の責任を取りたがらないということ

3 「持続可能な開発」の「[Ⓒ]実践」の例としてどのようなものを挙げていますか。2 つ書いてください。

- _____
- _____

4 下線部を記入して本文の要約を完成させてください。

　　「持続可能な開発」という概念は、①_____の対立を解消し、

②_____に環境破壊や資源の枯渇などの負担を残さないようにするために考えられた。

　　この考え方は、③_____にすぎないという意見もあるが、④_____も

⑤_____も人間社会にとって捨てられるものではない。

　　誰もが⑥_____の不備、⑦_____の汚染、⑧_____

の枯渇に苦しむ可能性がある。だからこそ、⑨_____という目標

をもって取り組みを重ねていかなければならない。

持続可能な開発について、考えてみましょう。

1　環境保護活動を見たり聞いたり、また活動に参加したりしたことがありますか。それはどのようなものでしたか。クラスの仲間と話し合ってみましょう。

2　あなたの住んでいる町で、リゾート開発を進める計画があるとします。大きなホテルを作ったり、レジャー施設をつくったりすることで、観光客の増大が見込まれます。一方で自然破壊や、ゴミの問題が生じ、環境が悪化することが予想されます。あなたはリゾート開発に賛成しますか、反対しますか。その理由は何ですか。クラスの仲間と話し合ってみましょう。

考えるヒント

江戸時代に見る循環型社会

社会全体が資源・エネルギーや環境の面から見て持続可能であった代表例として、日本の江戸時代を挙げることができる。江戸に幕府が開かれて諸国（地方）から多くの人びとが流入し、江戸の人口は増加していった。最盛期には100万人を超える世界一の大都市になった江戸の町に、さまざまな物資循環の例を見ることができる。江戸時代は基本的に農業社会であり、国際貿易は長崎を窓口としてかなり限定的にしか行われていなかったため、国内資源を最大限利用して衣食住のすべてをまかなうよりほかなかった。特に人口の多い江戸では、身分の違いを超えて多種多様なリサイクルが行われた。元になる資源・エネルギーの大半は太陽の力を借りて育つ植物であり、稲、木、竹などの植物が徹底的に利用された。稲もただ食料としての米を食べるだけでなく、副産物の稲藁から藁草履や蓑笠などがつくられた。稲藁は燃やせば燃料となり、堆肥としても利用できた。燃え残った灰は肥料になるほか、染色・製糸・酒造・製紙の工程で使われたり、洗剤として利用されたりした。＜略＞

自発的に支えられた循環システム

江戸幕府が開かれた当初、ゴミ処理は大きな問題であり、幕府は再三にわたりゴミの投棄に対して禁令を出した。その後、ゴミの投棄場が指定されるなどして処理システムは定まっていくが、これなどは自治体による現代のシステムに似ている。しかし、江戸期における資源・エネルギー循環はこうした行政的規制ではなく、むしろ需給バランスのもとで自発的に行われていたという点に最大の特徴がある。強制や規制によるのではなく、利益を得るためにリサイクルを行っていたのである。

（林上「温故知新　江戸時代に見る循環型社会」
『持続可能な社会をめざして──「未来」をつくるESD』平凡社）

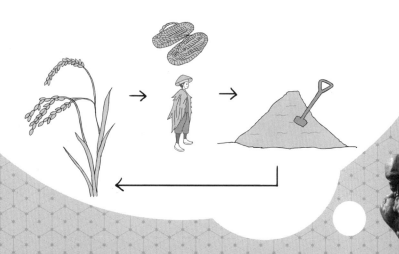

55

ＳＤＧｓ
持続可能な世界のための
17の目標

SDGs（エス・ディー・ジーズ）とは、Sustainable Development Goals の頭文字をとったもので、「持続可能な開発目標」と訳されます。2015年9月の国連サミットで採択された「持続可能な開発のための2030アジェンダ」に2016年から2030年までの国際目標として記されました。目標（Goal）は全部で17あり、①貧困　②飢餓　③保健　④教育　⑤ジェンダー　⑥水・衛生　⑦エネルギー　⑧成長・雇用　⑨イノベーション　⑩不平等　⑪都市　⑫生産・消費　⑬気候変動　⑭海洋資源　⑮陸上資源　⑯平和　⑰実施手段、と実に広範なものになっています。目標に向けて、先進国、途上国を問わず世界各国が取り組むべきとされ、このアジェンダでは「誰一人取り残さない」ことを誓っています。

SDGs は、国のみならず、自治体、企業、そして個人個人が「持続可能な世界」に向けて、どのように考え行動することができるか、その指針になるものです。このような議論はどうしても自分とは関係ないと思いがちですが、「誰一人取り残さない」ということは、この文章を読んでいる人も、その周りにいる家族や友達や仲間、そして、将来の家族や友達や仲間も含むということです。簡単なことではないですが、「誰一人取り残さ」れず、「持続可能な世界」で暮らすためにはどうすればいいのか、"自分のこと"として考えてみてください。

［参考］
国連持続可能な開発サミット「我々の世界を変革する　持続可能な開発のための 2030 アジェンダ」

「国際連合広報センター」ウェブサイトより
（2019 年 8 月 27 日参照）

自分でつくるキャリア

1　あなたは仕事を選ぶうえで、何を重視しますか。重視するもの／ことを上から順に3つ挙げてください。

2　仕事をしている10年後のあなた自身をイメージしてみてください。

・どんな仕事をしていますか。

・どのようなポジション（職位）で仕事していますか。

・仕事に満足していますか。それはなぜですか。

人生の先輩が教えるキャリアのつくり方

キャリアへの目覚め

2007年3月、私は大学卒業以来36年間働き続けた日本IBMを定年になりました。最後は取締役専務執行役員で開発製造の責任者でしたが、[Ⓐ]**私の年代で、生え抜きの女性がここまで登りつめるのは稀有なケース**だとよくいわれます。

5　今日あるのは、もちろん私一人の力ではありません。とくに若いうちは不平や不満ばかり言っているような普通の女子社員で、人一倍気が強い分、むしろ不器用なタイプでした。その私が、多くのかたがたに叱られ、教えられ、支えられて変わってきたのです。

　　<略>

私は大学の物理学科を卒業し、入社後、エンジニアになるため一年間の研修を終え、さあこれ
10　からと思っていたら、広報に配属されました。そこでは、小学生や高校生、あるいは一般の人を対象に、コンピューターとは何かというデモンストレーションなどをする仕事が与えられ、私は不満たらたらでした。すっかり落ち込み、文句ばかり言っていたら、ある日、上司にひどく怒られたのです。

「給料をもらっているんだろ。仕事をちゃんとしてから文句を言いなさい！」と。

15　ほんとうにそのとおりでした。広報の仕事には不満でしたが、でも心を入れ替えて、仕事は一生懸命にしました。その態度がよかったのでしょうか。一年後には、念願の研究所にいくことができました。

大好きな研究職でしたが、その頃の労働基準法は、女性の残業規則が厳しく、1日2時間くらいしか許されません。これでは、男性たちに伍して、面白い研究を競い合うのは不可能です。な
20　んとか残業をしようと、退社時間になるとトイレに隠れて上司が帰るまでしばらくやり過ごし、その後夜中まで仕事をするというような非常手段もとりました。

が、そんなことを長く続けてもいられません。なんとか思いっきり仕事をしたいと、上司に「管理職にしてください」とお願いに行きました。そのときは[Ⓑ]**「君は管理職をなんだと思っているんだ！」と叱られました**が、なんと3カ月後には管理職にしてくれたのです。キャリアアップな
25　どは考えたこともなく、ただほかの男性たちと同じように研究に没頭したいという一心でした。

しばらくすると今度はマーケティング部へ異動となりました。まったく意に沿わない異動で、ひどく落ち込みました。しかもそのときは、離婚という個人的な事情も重なって、ウツ的な状態に陥りました。机にじっと座っていると、体に震えが来ます。なんの理由もないのに涙があふれ出てきます。どうにもならなくなって、5階建ての建物の階段を上ったり下りたり。体を使うこ
30　とで、精神と体のバランスをなんとかとろうと思ったのです。そんなことをしながら数カ月間し

のぐうち、少しずつ少しずつ回復していったのです。

　そんな、©けっして優等生ではなかった私ですが、35歳くらいから会社の中の風向きが変わってきました。37歳で課長になり、外国人のボスに付くことになったのです。彼は、女性だからと差別することなく、いろいろなことを私に教えてくれました。それが私のとても大きな転機になったのです。

　「内永さん、会社を辞めるとき、どのポジションまで行っていたいですか？」

　と聞かれても、そんなことを考えたことがありません。課長になったばかりで、しかも女性としては初めての課長でしたから。

　「できれば部長くらいには……」

　「なんという志が低いことか！」

　「では、役員」

　「そんな程度でいいの？」

　と目標はつり上がりました。

　「もっと志を高く持ちなさい。頑張れば必ずできます！」

　そして、定年までにそのポジションに上がっているためには、いつまでにどうステップを上がっていけばよいのか、5年刻みの年表を作るよう教えられました。これが、ボスが教えてくれたとても大切なことの一つです。

　この⑩「夢の年表」作りは今も続けていますが、実際に紙に書いてみると、最終目標を達成するには、いつまでにどういう能力と経験が必要か、そして今はどうしなければならないのかが見えてきます。視界が大きく広がるのです。この仕事がしたいとか、この仕事は嫌だとか言っていた私ですが、目標実現のためには得意な分野だけでなく、全体のことを理解していかなければならないことも分かってきます。

　それからです。ボスはなぜこういう判断をするのか、その上のボスがなぜこういう決定をするのか、その部門の全体が、会社の方向性が、理解できるようになったのです。そうなると現状が苦しければ苦しいほど、ポジティブに捉えることができるし、冷静に自分を見つめなおすこともできます。自分の目線が明らかに変わりました。私自身のどこかでスイッチがオンになったのです！

　仕事のやり方も変わりました。何ごとも鵜呑みにせず、なぜそうやるのか、なぜこうなっているのか、自分の頭で徹底的に理解しようと努めました。そして、その仕事が全体の中でどういう位置付けにあるのかを考えたり、自分のビジョンを明確に持つようにもなって、キャリアアップしていったのです。

　このように、スイッチがオンになるタイミングは、人によって様々でしょう。会社の仕組みとか、仕事の面白さとか、仕事の苦しさを経験していないと、チャンスが来てもうまくキャッチできないかもしれません。でも、あなたにも必ずそういうチャンスは巡ってきます。そのときを見逃さないで、しっかりつかまえてくださいね。

　＜略＞

悩みや苦しみもがいた後に新しい地平が開ける

　＜略＞

　忙しければ忙しいほど、日常から離れて、何も考えずに楽しめるものをもつことも、とても大

切です。私の場合はガーデニングや登山。ゴルフもしますが、これはいつも無心になれるとはか

ぎりません。週末、遅い朝食をとりながらボーッと朝の連続ドラマを見ているときも至福のとき

です。それでも、心の整理ができないときには、私は専業主婦をしている妹によく電話をします。

あるときも、私は非常に苦しくて、妹に電話をして、グチを言いました。すると事情もよく分か

らない妹が、私にこう言ったのです。

　「お姉さん、本当に大変みたいね。でも、大変なときって、それは、新しい段階に入ろうとし

ている前兆ではないかしら。これまでも、つらいつらいと言った後って、必ず大きな飛躍をした

もの」と……。

　そのとおりでした。悩み苦しみもがいているときは、目の前のことしか見えなくなるのだけれ

ど、実はそれからしばらくすると新しい地平が開けてくる、ということがほとんどだったのです。

妹のこのひとことで、私のつらい思いも半分くらいはすっと軽くなりました。

　あなたにも、つらいとき、苦しいときがきっとあることでしょう。でもそれは、次のステップ

に飛躍する準備段階なのだ、まもなくチャンスが巡ってくるのだと思って、めげないで頑張って

いただきたいと思います。

筆者プロフィール：
東京大学理学部卒業。日本 IBM に入社、同社で初の女性取締役に就任、専務執行役員
などを経て退職後、2007 年より NPO 法人 J-Win 理事長。08 年よりベネッセホールディ
ングス副社長。ベルリッツコーポレーション会長兼社長兼 CEO、13 年にベルリッツコー
ポレーション名誉会長を退任。

（内永ゆか子「つらいとき、苦しいときこそ飛躍のチャンスは巡ってくる」日経 WOMAN 編

『妹たちへ 2　生き方に迷うあなたに、今伝えたいこと』（日経ビジネス人文庫）日本経済新聞出版社）

＊縦書きを横書きにするにあたり、漢数字を算用数字にした。

1 「[Ⓐ]私の年代で、生え抜きの女性がここまで登りつめるのは稀有なケースだ」とありますが、これはどういうことを指していると考えられますか。最も適当な答えを a~d の中から 1 つ選んでください。

a. 筆者の年代では、IBM という会社は女性にとって働きやすい環境だったということ

b. 筆者の年代では、開発製造の責任者になりたい女性はほかにも大勢いたということ

c. 筆者の年代では、女性が同じ会社に勤め続け高い地位についたのは珍しいということ

d. 筆者の年代では、女性が定年まで同じ会社に勤め続けたのは珍しいということ

2 「[Ⓑ]『君は管理職をなんだと思っているんだ！』と叱られました」とありますが、どうして筆者は上司に叱られたと考えられますか。最も適当な答えを a~d の中から 1 つ選んでください。

a. 管理職の本来の意味を考えず、自分が集中して長時間研究することだけが目的だったから。

b. 研究職についたばかりなのに、すぐにキャリアアップをしたいと思ったから。

c. 仕事の内容は気にせず、自分の昇進のことしか考えていなかったから。

d. 勤務態度がよくないと注意され、少し改善されたばかりだったから。

3 「[Ⓒ]けっして優等生ではなかった私」とありますが、筆者の勤務態度はどのようなもので、何がきっかけでそれが変わりましたか。下線部に当てはまる言葉を書いて、まとめてください。

　　以前は、^①＿＿＿＿＿を言うばかりで、与えられた^②＿＿＿＿＿の仕事をちゃんとしなかった。また、好きな^③＿＿＿＿＿の仕事に集中するためだけに、^④＿＿＿＿＿＿になりたいと申し出るなどした。その後は、意に沿わない^⑤＿＿＿＿＿でひどく落ち込み、さらに、^⑥＿＿＿＿＿という個人的な事情もあった。しかし、^⑦＿＿＿＿＿＿＿＿＿＿＿に出会い、^⑧＿＿＿＿＿

＿＿＿＿＿＿＿＿＿＿＿＿＿ことなく様々なことを教えてくれたことがきっかけで、

キャリアについてしっかり考えるようになった。

4 「[Ⓓ]『夢の年表』作り」とありますが、筆者はそれによってどのようなメリットがあると言っていますか。

＿＿＿＿＿＿＿＿＿＿＿＿＿＿＿＿＿＿＿＿＿＿＿＿＿＿＿＿＿＿＿＿＿＿＿＿＿＿＿

＿＿＿＿＿＿＿＿＿＿＿＿＿＿＿＿＿＿＿＿＿＿＿＿＿＿＿＿＿＿＿＿＿＿＿＿と

言っている。

（次のページにつづく）

⑤ 筆者がこの文章で伝えたいことは何ですか。最も適当な答えを a~d の中から１つ選んでください。

a. 就職したばかりのときは希望の部署に行けなくても、一生懸命に仕事をすれば、必ず好きな
   仕事ができるようになる。

b. おもしろさやつらさを経験してこそ仕事が新しい段階に入るから、頑張ってほしい。

c. 管理職になるという目標を立てたら、それを実際に紙に書き、上司にもそれを伝えるべきだ。

d. 悩んだり苦しんだりしたときは、子育てをしている家族や友人に電話して相談したほうがい
   い。

働く人にとっての社会的背景について、考えてみましょう。

1 筆者が働いてきた時代（1971 ～ 2007 年）の日本とあなたの国の社会的背景（例：GDP、代表的な
出来事、法律や制度、ヒット商品、流行……など）について調べてみましょう。

	1970 年代	1980 年代	1990 年代	2000 年代	2010 年代
日本					
あなたの国					

2 筆者が働いてきた時代と、今の社会背景を比べると、働く人にとってどのような変化がありますか。
（考えるポイントの例：給料、労働時間、景気、……など）

変化するキャリア観──自分らしいキャリアとは

90年代に大きく変わったキャリア観

Ⓐキャリアとは何か。一言で表現するなら、「どういう人生を送りたいかという問いに対する答え」である。よほどの大金持ちでないかぎり、職業なしでは生きていくことはむずかしいので、この問いは、「どういう職業人人生を送りたいか」と同じである。自分らしい人生を送ろうと思えば、自分らしい仕事を選ぶ必要がある。しかし、「自分らしい」がどういうことかは、すぐにはわからないので、自分らしい仕事とは何かもすぐにはわからないのが普通である。

キャリア形成の理想形は、①自分らしい仕事を選択する、②好きだから上手になる、③進歩がわかるので努力できる、④努力の結果、専門性が高まる、⑤専門性を生かして自分らしい人生を送る、である。しかし、自分らしい仕事を選択することがむずかしいので、現実的なキャリア形成の方法は、①が「自分らしいことはすぐにはわからない」となり、その結果、②おおむねの方向を決めて歩き出す、③経験したことから学習する、④適職を自分でつくる（自分らしいやり方を見つける）、⑤組織内一人親方※をめざし努力する（普通の人に適した方法）という順になる。
＜略＞

Ⓑキャリアについての考え方は1990年代にアメリカで大きく変化した。90年代より前のアメリカでは、まじめに一つの職業に取り組み、それなりの成果をあげていれば生活も安定し、周りの人にも尊敬され、豊かな人生が送れるという考え方がキャリア観の主流だった。アメリカの労働市場は流動性が高いといわれるが、少なくとも1980年代までは、大学を卒業した後、自分に合った専門の仕事ないし職場を見つけるまで3、4回転職したとしても、落ち着き先が決まってからは定年まで一つの会社にとどまるのが普通だった。＜略＞

ところが、そうした環境が90年代に入って一変する。80年代に一人勝ちの様相を呈していた日本企業を徹底的に研究した結果、アメリカ企業は情報の共有化という点に日本企業の強さを発見し、それを自分たちも取り入れようと考えた。なぜ日本企業は情報の共有化に優れているのか。その背景には「長い関係」が見出された。部品メーカーと最終製品の製造会社が、製品開発の早い段階から情報を共有できるのは、系列などによって信頼関係が生まれているからであり、従業員も長く会社に勤めることで会社の状況がよくわかり、いろいろと協力する。

アメリカ企業は、この情報の共有化を得意なITで実行しようと考えた。IT投資が増えるとともに、ITを活用して仕事のプロセスを見直すリエンジニアリングが盛んになる。当然のことながら、IT投資によって情報の共有化が進むにつれ、中間管理層の余剰が目立つようになり、ダウンサイジングと呼ばれる人員削減策がとられ始めた。

＜略＞

こうした変化により、人々のキャリア観は変更を迫られることとなった。まじめに一生懸命仕事をしていても解雇されることはあり、いったん仕事を失うと、本人の責任ではないのに家族、友人からの尊敬さえ失いかねない。加えて、自分がダメだから失業したのだと自責の念にとらわれたり、会社に裏切られたと感じるなど、不幸感が増大する。会社に依存したキャリア観、すなわち課長になり、部長になるといった組織内の地位の上昇をキャリアと考えるのでは幸福にはならない可能性があることに気づかされたのだ。組織に左右されない、もっと自分自身の価値観にもとづくキャリア観が必要と考え始めたのである。

　アメリカで始まった、好不況に関係なくリストラありという現象は、日本でも現実のものとなりつつある。しかし、日本人のキャリア観は従来とあまり変化しているようにはみえない。そのため、大企業で希望退職の募集が行なわれるたびに、不幸感や不公平感が従業員の間に広がるという問題が発生する。希望退職募集は絶好のチャンスと考える人はまだ多くはないのだ。

逆算型の人生設計は機能するか

　キャリアにはもう一つ問題を複雑にしていることがある。仕事そのものが大きく変化するため、どのようなキャリア観をもったとしても©逆算型の人生設計は機能しにくいのだ。

　キャリアの目標を定め、そのために必要なことを勉強し、狙った仕事につくという、目標から現在やることを定める方法は、変化が激しい時代には適していない。目標から逆算して希望の仕事につけたとしても、学校を卒業して初めてつく仕事はやったことのないものなので、予想と異なることも多い。予想どおりだったとしても、仕事の中身がずっと同じとは限らない。目標どおりのキャリアを追求することは、考えていたようにはできないのだ。

　＜略＞

　一方で、仕事を提供する場である企業も変化が大きい。企業間の競争も、昔に比べれば短期間のうちに勝ち負けが決まってしまう。M&Aは普通の事柄となり、いつのまにか自分の所属する部門が別の会社に売却されることも起きる。合理的に人生設計をしたと思っても、そのとおりにはならない。変化の激しい時代には、「こんなはずではなかった」がしばしば起こるので、きっちりとしたキャリアプランをつくることはかえって人生をむずかしいものにしてしまう。そうだとすると、逆算型の人生設計ではない別の方法を考えざるをえない。

適職は自分でつくるもの

　逆算型でない人生設計が自分の価値基準、自分らしさにもとづくものであるとすると、目標は、部長や課長になることではなく、部長や課長になって何をするか、となる。やりたいことを成し遂げるためにポストが必要であれば、部長や課長になる。ポストは目的ではなく、手段なのだ。
　それゆえ、まず何をしたいかを考え、次に自分らしさが表現できる仕事は何かを考える。「医師になる」ではなく「病気で苦しむ人を助けたい」が先にあって、その目的を達成するために医師になるという順序である。したいことが「病気で苦しむ人を助ける」のであれば、薬剤師や看護師になっても、薬の研究者や車いすを製造する人になってもよいので、そのなかでいちばん自分に適しているものは何かを選択する。何をしたいかという目標から専門分野を選ぶことになるが、専門分野の決め方も抽象度が高いほどフレキシビリティは高い。
　＜略＞
　適職は、だれか第三者がつくるのではなく、自分でつくるものというほうが正しい。「自分に適した仕事」という言い方があるが、どんな仕事でも、上手に進める方法が一つしかないということはありえない。上達の方法が一つしかないということもない。必ず複数ある。そのなかから自分に合う方法を選べばよい。なければつくり出せばよい。典型的な人事屋や営業マンという形があったとして、それに合わなければ成功できないということはなく、成功するのはむしろ新しいタイプをつくり出す人である。つまり適職をつくってしまった人が勝ちなのだ。

（関島康雄『キャリア戦略——プロ人材に自分で育つ法　組織内一人親方のすすめ』経団連出版）

＊縦書きを横書きにするにあたり、漢数字を算用数字にした。

　　※　自分自身が経営者でもあり従業員でもあるような専門家で、自律的な生き方をする人のことを筆者は「一人親方」と呼び、それを組織内（会社内）でするので、組織内一人親方」となる。

① 「[Ⓐ]キャリアとは何か」とありますが、その定義を本文の中から 5 文字で抜き出してください。

②-1 「[Ⓑ]キャリアについての考え方は 1990 年代にアメリカで大きく変化した」とありますが、アメリカで人々のキャリア観が変更を迫られた背景について、筆者はどう言っていますか。最も適当な答えを a～d の中から 1 つ選んでください。

a. 転職を繰り返す人が多く、労働者と企業が「長い関係」を作ることが難しくなっていた。

b. 日本企業の一人勝ち状態が長く続き、アメリカの企業は不景気に見舞われていた。

c. アメリカの企業では IT 投資により仕事の効率化が図られ人員過剰につながっていた。

d. 社内情報を共有化しようとしていたが、人員が多すぎてできていなかった。

②-2 「キャリアについての考え方」はどのように変化しましたか。下線部に当てはまる言葉を書いて、まとめてください。

90 年代以前は、^①＿＿＿＿＿＿＿＿＿＿＿＿＿＿＿＿＿＿＿＿＿＿＿＿＿＿＿＿

＿＿＿＿＿＿＿＿＿＿＿＿＿＿＿＿＿＿＿＿＿＿＿＿＿＿＿＿というキャリア観だったが、

90 年代以降は、会社に依存したキャリア観ではなく、^②＿＿＿＿＿＿＿＿＿＿＿＿＿＿

＿＿＿＿＿＿＿＿＿＿＿＿＿＿＿＿＿＿＿＿＿＿＿＿＿＿キャリア観が必要になった。

③ 本文で筆者が言う「[Ⓒ]逆算型の人生設計」に○、「逆算型ではない人生設計」に△を書いてください。

a. コンピューター技術で新しいサービスを作りたかったので、ソフトを作る仕事をしていたが、会社の要請でシステムを提案する仕事をしている。 ［　　］

b. 就職した会社で長く働き、定年するまでに部長クラスになれるように努力したい。

［　　］

c. 親が病院を経営しているので、自分も大学は医学部に入り、将来医者として働きたい。

［　　］

d. 子どもが好きなので、将来は保育士や教師など、子どもと関わりのある仕事がしたい。

［　　］

e. 誰もが知っているような大企業に就職するために、一生懸命に勉強して多くの資格を取得したい。 ［　　］

（次のページにつづく）

4 筆者はこの文章でどのようなことを主張していますか。最も適当な答えを a~d の中から１つ選んでください。

a. 自分の専門性を生かす仕事を得るのは難しいので、どんな仕事でも嫌がらずにやるべきだ。
b. 転職（てんしょく）を繰り返しながら、最終的に自分に合う職業が見つかればそれでよい。
c. 若い時からどのような職業につきたいかしっかり目標を定（さだ）め、努力していくべきだ。
d. 自分がどんなことをしたいのかを考え、その中で自分の適職（てきしょく）を探して作っていくことが今の時代には合っている。

5 本文の内容に基づき、下線部に当てはまる言葉を書いて、まとめてください。

　　自分らしい人生を送ろうと思えば、① _____を選ぶ必要がある。しかし、それが何かはすぐに分からないので、② _____形成（けいせい）の方法は、③ _____と異なることが多い。アメリカでは、90 年代に社会環境の変化によって④ _____があった。日本も同様の社会環境の変化が起こりつつあるが、日本人のキャリア観（かん）は⑤ _____

_____。

　　そもそも、キャリアの目標を定（さだ）め、そのために必要な勉強をし、狙った仕事につくという、⑥ _____方法は、変化が激しい時代には⑦ _____

_____。⑧ _____な人生設計をしたと思っても、そのとおりにはならない。つまり、⑨ _____は機能しにくいのだ。

　　そこで、まずは⑩ _____を考え、次に⑪ _____

_____を考える。例えば、「病気で苦しむ人を助けたい」のであれば、⑫ _____

_____の中からいちばん自分に適しているものを選択すればいい。

　　これこそが⑬ _____に基づく人生設計である。

キャリアと人生設計について、考えてみましょう。

1　「読む❶」と「読む❷」のキャリア形成・人生設計に関する見方の異なる点についてまとめてください。

	キャリア形成・人生設計に関する見方
「読む❶」	
「読む❷」	

2　「読む❶」と「読む❷」、あなたはどちらの見方により共感できますか。その理由を述べてください。

3　自分のこれまでの人生を振り返ってみてください。それは逆算型人生設計でしたか。そうではありませんでしたか。その理由も考えてください。

考えるヒント

「仕事」と「家庭」の両立

これまで「仕事と家庭の両立」は女性だけの問題と思われてきたが、最近では、「仕事もプライベートも」と考える男性が確実に増えている。会社選びのさいに「両立」が可能な会社を選択する傾向は、以前から女子学生にみられたが、最近は男子学生にもこの傾向が広がりはじめた。会社説明会のさいに、「育休をとれますか」と質問する男子学生も現われるようになった。「仕事だけの人生なんて、生きている意味がない」といいきる男性たちは、将来のパートナーには当然のことながら、職業をもつことを期待する。自分も家庭のことや、育児に積極的にかかわるから、働き続けて欲しいというわけである。

「私は家庭を守るから、あなたは稼いできてね」という女性の考え方に、拒絶反応をおぼえる若い男性は思いのほか多い。「付き合っている女性が専業主婦願望を持っていることがわかり、思わず"引いてしまった"」という本音を聞いたこともある。男性の意識変化の背景には、女性の生き方やキャリアを尊敬するというよりも、生活レベルを落としたくないという現実的な側面も強いようだが、理由はどうであれ、女性の経済力が頼りにされるようになったのは確かである。男性とのあいだに新しいパートナーシップを作り上げていく好機が訪れたととらえてはどうだろう。

（青島祐子『新版　女性のキャリアデザイン』学文社）

6 章

貿易とグローバル化

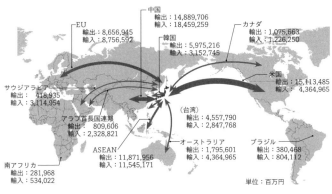

中国
輸出：14,889,706
輸入：18,459,259

EU
輸出：8,656,945
輸入：8,756,592

韓国
輸出：5,975,216
輸入：3,152,745

カナダ
輸出：1,075,663
輸入：1,226,250

サウジアラビア
輸出：　418,935
輸入：3,114,954

米国
輸出：15,113,485
輸入：4,364,965

アラブ首長国連邦
輸出：　809,606
輸入：2,328,821

（台湾）
輸出：4,557,790
輸入：2,847,768

ASEAN
輸出：11,871,956
輸入：11,545,171

オーストラリア
輸出：1,795,601
輸入：4,364,965

ブラジル
輸出：380,468
輸入：804,112

南アフリカ
輸出：281,968
輸入：534,022

単位：百万円

＊すべての貿易相手国が示されているわけではありません。
（財務省（2018）「財務省貿易統計 報道発表 平成29年分（確定）」をもとに作成）

1　日本はどの国から何を輸入し、どの国に何を輸出しているのでしょうか。上の地図から国・地域を選んで調べてみましょう。（希望があれば、地図に名前が書かれていない国・地域でもよい）

2　スーパーで食べ物を買う際、国内産と外国産があった場合、どちらを買いますか。その理由は何ですか。（例：豚肉・牛肉・果物……）

貿易の基本原理——比較優位

　<略>天然資源の希少な日本は世界の中でも最も貿易の恩恵を受けてきた国の一つであり、日本経済にとって国際貿易は生命線の一つである。たとえばTPP※1への参加に賛否はあっても、Ⓐ多くの人は貿易のない生活、すなわち江戸時代の鎖国※2の頃の生活に戻りたいとは考えないだろう。

5　その一方で、昨今の貿易に関する報道や記事を目にすると、そもそも貿易がどのような要因で決まっているのかについて、実は誤解されているような印象を受ける。なぜなら、200年前に提示された重要な概念がほとんど無視されたままで議論が展開されているからだ。その重要な概念とは、本書のキーワードである「比較優位」である。比較優位とは何か。やや大雑把だが一言で表現すれば、「それぞれの国がつくれるものの中で、他のもの、そして他国と比べて、より得意な（効率よく）つくれる能力※3」である。

10　この比較優位という考え方は、英国の経済学者デービッド・リカード（David Ricardo）によって1817年に示された。貿易の利益を理解する上でなくてはならない概念だが、<略>その意味を理解するのは必ずしも簡単ではない。<略>理由の一つは、比較優位に基づく貿易を通じて、たとえ競争力がまったくない国であっても、貿易を通じて利益を受けることができるという点にある。

15　比較優位の理解を難しくしているのは、そもそもこの比較優位の「優位」という言葉に、すでに「比較」のニュアンスが含まれていることにある。後述する「絶対優位」は相手国の同じ産業との直接的な比較だが、比較優位は相手国の同じ産業との比較だけでなく自国内の異なる産業との比較も含まれる。相手国と自国内という二重の意味での「比較」が入っているために話がややこしくなっているのである。この比較優位の原理は国と国との間だけでなく人と人の間でも同様20　に成立する。この原理を直感的に理解するため、まずは社長と秘書の例から説明したい。

　<略>一般に、大企業には秘書室というものがある。たとえば、Ⓑ社長は秘書よりも事務能力が高いとしよう。すなわち、社長は秘書よりもずっと早くコピーを取ることができ、書類をまとめるのも早く、そして飛行機の予約も素早くできる。このとき、社長は秘書に対して事務仕事に絶対優位を持つといわれる。このような場合にも秘書室は必要なのだろうか。そうだとすれば、それはなぜだろうか。

　社長が事務能力に絶対優位を持っていても、秘書室は必要と説明するのが、比較優位の原理である。社長の事務処理能力がいくら高くても、1日は24時間と決まっている。社長は会社の経30　営に専念することで、より大きな利益を生み出すことができる。一方、秘書は会社の経営はでき

1 章

表 1-1　比較優位と絶対優位：数値例（1）

国	毛織物（t/人）	ワイン（kl/人）	人口（万人）
英国	4	3	3
ポルトガル	1	2	3

表 1-2　比較優位と絶対優位：数値例（2）

国	毛織物（人/t）	ワイン（人/kl）	人口（万人）
英国	1/4	1/3	3
ポルトガル	1	1/2	3

ないものの、コピーや書類のまとめなど、事務処理はできる。秘書に事務処理を任せることで、二人合わせると結果的により多くの仕事をこなすことができるのである。＜略＞

　同じ理屈は貿易にも当てはまる。各国は労働力や（機械などの）資本設備を無限に有するわけではない。相手国と分業し貿易することで、相手国に比較優位のある財の生産を任せられ、そして自国に比較優位のある財を生産する。そうすると、世界全体で見れば、いずれの財の生産も拡大することになる。そして貿易を通じてこれらを分け合えば、自国だけでなく相手国も利益を得ることができる。

　比較優位を理解する上で、このメカニズムは非常に重要なポイントである。若干教科書的になるが、＜略＞ 少し詳しく説明しよう。リカードは、たとえ英国のほうが毛織物の生産とワインの生産両方において効率がよくても、労働力に限りがある以上、英国は毛織物の生産に労働者を振り分け、ワインの生産はポルトガルに任せたほうがよいと主張した。なぜなら、英国は毛織物の生産に、ポルトガルはワインの生産にそれぞれ比較優位を持っているためである。

　この意味を数値例によって確認したい。まず、ひとりの労働者が生産できる量（労働生産性）は、毛織物なら英国が4トン、ポルトガルは1トン、ワインなら英国が3キロリットル、ポルトガルが2キロリットルとする。そして、英国、ポルトガルの労働者が3万人ずついるとしよう。これらの関係は表1-1のように表すことができる。

　この表を「毛織物とワイン一単位当たりに必要な人数」で表現すると、表1-2のように書き直すことができる。

　表1-2の各数値は、それぞれ、表1-1の逆数になっている。たとえば、毛織物1トンの生産には人が1/4人必要ということを意味している。労働生産性の逆数となっているため、値が小さければ小さいほど、生産性が高いことを意味している。この表より、英国は毛織物とワインの生産のいずれについても、ポルトガルと比べて生産効率が高いことがわかる。このようなとき、英国は毛織物とワインのいずれの生産においても[4]絶対優位があるといわれる。

表1-3　比較優位と絶対優位：数値例（3）

国	貿易前・特化前		貿易前・特化後		貿易後・特化後	
	毛織物 (t)	ワイン (kl)	毛織物 (t)	ワイン (kl)	毛織物 (t)	ワイン (kl)
英国	4t × 2万人 = 8万t	3kl × 1万人 = 3万kl	4t × 3万人 = 12万t	0	9万t	3万5000kl
ポルトガル	1t × 2万人 = 2万t	2kl × 1万人 = 2万kl	0	2kl × 3万人 = 6万kl	3万t	2万5000kl
合計	10万t	5万kl	12万t	6万kl	12万t	6万kl

ここで次の二つの問題を考えてみよう。

1. どちらの国も毛織物に2万人、ワインに1万人を振り分けると、どのような生産が
　　可能になるだろうか。

2. 次に、リカードの主張に従い、英国が毛織物の生産に特化し、ポルトガルがワイン
　　の生産に特化するとしよう。このとき、両国の生産はどのように変わるだろうか。

　一つめの問いの答えが表1-3の左側（貿易前・特化前）、二つめの問いの答えが中央（貿易前・特化後）になる。これら二つを比べてみると、両国合計の生産量が毛織物10万トンから12万トンへ、ワインは5万キロリットルから6万キロリットルへ拡大していることがわかる。ここで、労働力人口に変化がないことに注意してほしい。つまり、各国の仕事の仕方を変えるだけで世界全体の生産量を増やすことができるのである。

　いま、表1-3の右側のように、英国は生産した毛織物12万トンのうち、3万トンをポルトガルに輸出し、代わりにポルトガルで生産されたワインのうち、3万5000キロリットルを輸入するとしよう。このとき、英国、ポルトガルのいずれの国においても、毛織物、ワインの両材の消費可能な量が特化前よりも拡大していることがわかる。すなわち、絶対優位のある英国だけでなく絶対優位のないポルトガルも比較優位によって輸出することができ、そして貿易を通じて利益を得ていることがわかる。

　なぜこのようなことが可能なのだろうか。もう一度、表1-1に戻って、次の問題を考えてみよう。

・各国において、どちらかといえば得意な（効率よくつくれる）財はどちらか。

　英国では一単位の毛織物の生産に1/4人、ワインの生産に1/3人必要である。同じ一単位をつくるのであれば、毛織物の生産のほうが手をかけずに済むことがわかる。つまり、毛織物をより効率よくつくれる。このため、どちらかといえば得意なのは、毛織物であるといえる。同様に、

ポルトガルでは一単位の毛織物の生産に１人、ワインの生産に1/2人必要である。つまり、同じ一単位をつくるのであれば、ワインの生産のほうが手をかけずに済む。このため、どちらかといえば得意なのはワインであるといえる。

この「どちらかといえば得意」な財が比較優位のある財を意味している。すなわち、英国は毛織物に比較優位を持ち、ポルトガルはワインに比較優位を持っている。そして、それぞれが比較優位のある財の生産に特化することで、生産量を拡大し交換（貿易）を通じて、生産効率の高い英国だけでなく、生産効率の低いポルトガルも、ともに利益を得ることができるのである。この比較優位に注目している点がリカードの主張のポイントになっている。

以上は簡単な数値例だが、より一般的なかたちでも成立することが知られている。そして、このような経済モデルはリカード・モデルと呼ばれている。＜略＞　なお、この比較優位の原理は、国と国との間だけでなく、人と人の間でも同様に成立する。このため、何でもこなせる有能な社長でも、秘書を持つことでより多くの仕事をこなすことが可能になるのである。

＜略＞この比較優位の原理は、他人より秀でた能力を持たない人にも生きる道を開く原理ともいえる。仕事や共同作業で悩みを抱えている人にとっては、その仕事が好きかどうかという視点だけでなく、自分（の比較優位）を生かせているかどうかという視点も重要かもしれない。

（清田耕造『日本の比較優位──国際貿易の変遷と源泉』慶應義塾大学出版）

1 「[Ⓐ]多くの人は貿易のない生活、すなわち江戸時代の鎖国の頃の生活に戻りたいとは考えないだろう」とありますが、なぜ筆者はそのように考えていますか。最も適当な答えをa～dの中から1つ選んでください。

a. 外国との交流がないと海外旅行へ行くこともできないから。

b. 貿易について誤解している人が多いから。

c. 江戸時代は身分制度が厳しく自由がないから。

d. 貿易のメリットを日本は非常に多く受けているから。

2 「比較優位」と「絶対優位」について、その違いをまとめてください。

絶対優位は、相手国の^①＿＿＿＿＿＿＿＿と比べるのに対して、

比較優位は、^②＿＿＿＿＿＿＿＿＿＿＿＿＿＿＿＿＿＿＿＿＿＿＿比べる。

3 「[Ⓑ]社長は秘書よりも事務能力が高いとしよう」とありますが、それでも社長が事務をしないほうがいいのはなぜだと筆者は言っていますか。最も適当な答えをa～dの中から1つ選んでください。

a. 社長が事務をすると、秘書の仕事がなくなってしまうから。

b. それぞれの仕事に集中することで、全体として多くの仕事ができるから。

c. 秘書は、会社を経営する能力を持っていないから。

d. 業務量を制限しないと、社長の健康問題に発展するかもしれないから。

4 本文の比較優位と貿易について、下線部に当てはまる言葉を書いて、まとめてください。

^①＿＿＿＿＿＿＿が限られている中では、それぞれの国が、^②＿＿＿＿＿＿＿＿＿＿に特化して財を生産することで、^③＿＿＿＿＿＿＿＿＿＿＿＿＿＿＿＿＿が上がる。そのように生産した財を、^④＿＿＿＿＿＿＿ことで、生産効率が^⑤＿＿＿＿＿＿も^⑥＿＿＿＿＿＿も

^⑦＿＿＿＿＿を得ることができる。

5 筆者は、「比較優位」という考え方についてどのように述べていますか。当てはまるものすべてに〇を書いてください。

a. 貿易について考えるための基本的な考え方で、理解できないことが信じられない。

b. 人が仕事や共同作業をする中でも参考になる考え方である。

c. 英国とポルトガルの2国間の問題なので、現在の国際経済には当てはまらない。

d. 大切な考え方であるにも関わらず、昨今の報道で貿易を論じるときに無視されている。

e. 企業の中での仕事は、お金の動き方が違うのでこの考え方を用いることはできない。

考える 1

比較優位について、さまざまな点から考えてみましょう。

1 絶対優位の面ではすべての点でＡさんが優れているが、比較優位の考え方に基づいてＡさんとＢさんで分担をしたほうがいい例はありますか。見たり聞いたりすることや、考えられることをできるだけ多く挙げましょう。

2 リカードの考え方に基づいて、比較優位にある産業に特化して、自由貿易を推進すると、どのような問題が生じると考えられますか。クラスの仲間と話し合ってみましょう。資料等を見て調べてもかまいません。

グローバル化とどう向き合うか

　グローバル化とは、ヒト・モノ・カネ・情報の移動が地球規模に展開されるようになることを指す。20世紀末ごろから盛んに使われるようになった言葉である。このグローバル化は20世紀末以降、非常に速いスピードで進展していき、今やその言葉を知らない人はいないと言える。しかし、現象としては非常に複雑なため、容易に全体を言い尽くすことはできない。ここでは、自由貿易、そして人の移動の点からグローバル化について少し考えてみたい。

自由貿易とグローバル化の略歴

　A自由貿易とは、関税や輸入数量制限、非関税障壁（手続きを煩雑にするなど）などの制限がない貿易のことである。一方、これらの制限がある貿易は保護貿易と言われる。もちろん、両極しか存在しないのではなく保護の程度によって様々なバリエーションが存在する。

　自由貿易が強く主張されるようになったのは、第二次世界大戦後のことである。第二次世界大戦が引き起こされた要因の1つに、世界的な恐慌の際にいくつかの国が自国優先の排他的な経済ブロックを築き、それに取り残された国が行き詰まってしまったことがあると言われる。戦後は、この保護主義的な政策への反省から、自由貿易が促進されることとなった。

　20世紀末以降は、東西冷戦の終結による資本主義体制国の増加や、技術革新などからグローバル化が進んだ。このグローバル化の加速度的な進行は、自由貿易も含むものであった。19世紀初頭にD.リカードはそれぞれの国が比較優位にある産業に特化し、国際的な分業を進めることで世界全体が豊かになるという「比較生産費説」を唱え、自由貿易の拡大を訴えた。21世紀の現在、この自由貿易はグローバル化の1つの側面として語られるようになっている。

自由貿易の恩恵と問題点

　さて、このような経緯で広がった自由貿易だが、我々の生活にどのような影響を与えているのだろうか。この点から、グローバル化の1つの側面、自由貿易について考えてみたい。

　まずは、消費者としての立場で考えてみよう。貿易によって海外の良い商品が安く手に入るのなら、自国産のものより海外のものを選ぶ人は多いだろう。海外の安くて良い商品が関税で高くなってしまうと、消費者としては不利益を被ることになる。一方、企業の立場から考えると、生産したものを外国で多く売りたいと思えば、関税をかけられたくはない。しかし、一方的に相手の国の関税だけが撤廃されることは考えにくい。お互いに輸入品に不平等な関税はかけないことで、貿易は活性化していく。こうして、消費者は良い商品を安価に手に入れることができるようになり、輸出によって企業や産業が発展することになる。我々は自由貿易からさまざまな恩恵を

受けていると言える。だが、その一方で、自由貿易は多くの問題も生んできているのだ。

　例えば、比較優位の立場にはない産業に従事する人について考えてみよう。国が自由貿易を進める中で、比較優位を持つ産業に特化すれば、それ以外の産業は衰退する。この場合、衰退する産業に従事していた人は、比較優位を持つ産業に従事せざるを得なくなる。一度仕事を失っても、他の産業で働けば問題がないという考え方もあるが、果たして労働者は容易に他の産業に移っていくことができるのだろうか。長い間1つの産業の中で働いてきた人が、他の産業に入って仕事をするのは難しいことで、企業も長く異なる産業に携わってきた人を採用することは躊躇するだろう。自由貿易によって、ある産業が衰退したからと言って、そこから労働力が別の産業に移動できるかというと、容易なことではないのだ。

　リカードが言うように、理論的には世界を豊かにする自由貿易であるが、その恩恵を受けられない人、またはその恩恵を受けていると感じられない人々を生み出してしまうのである。こうしてグローバル化を自由貿易の点から考えると、メリットがある一方で、不安や不満を抱える人が生まれていることがわかる。

労働力の移動と移民問題

　次に、グローバル化を人の移動という点から考えてみよう。交通手段の発達、規制の緩和により、人々はより容易にさまざまな国へ移動することができるようになった。そうすると、よりよい生活環境や仕事を求めて、他の国へ移り住む人が増えてくる。

　EU では、EU 法によって加盟国の国民は EU 内を自由に移動して働くことができるようになった。東欧諸国に拡大した EU では、東から西へ仕事を求めて人々が移動した。特に、ドイツやフランスには仕事を求めて多くの人が流入したと言われる。ドイツやフランスの企業は、安価な労働力を求めており、仕事を求める移民とニーズが合致したかたちとなり、人の移動が促進されたのである。移民は労働力として移動先の国に貢献し、消費者としてお金を使い、税金を納め、移動先の国の活力となった。しかし、移民の数が増えるにつれて移動先の国の社会や住民が、負担に感じるようにもなっている。

　まずは、安価な労働力が流入したことによって仕事を失う人がいる。また、すべての移民が問題なく労働に従事できたり生活できたりするわけではなく、仕事に就けなかったり移動した先の国の言葉が話せなかったりする人も当然いる。経済的に問題を抱える人や、言葉ができないことで起こるトラブルや、地域社会に溶け込むことができず孤立したりする人の増加は、社会的な負担になる。

　このような状況が、不安や不満を抱く人々を生み出していると言えるだろう。移民の増加は、メリットがある一方、問題も生んでいるのである。

反グローバリズムの爆発とこれから

　ここまで、グローバル化による恩恵がある一方で、不安や不満を持つ人も多く生まれている

ことを、自由貿易、人の移動の側面から見てきた。これらの不安や不満は、^B反グローバリズムというかたちで現れることになる。反グローバリズムとは、グローバル化に反対する考え方で、貿易や国境を越える人の移動を制限し、自国の産業と労働者を守ろうというものだ。以前から存在していた考え方ではあるが、20世紀末のグローバル化の進展にともない「反グローバリズム」という言葉で語られるようになった。この反グローバリズムの象徴的な出来事が起きたのが、2016年である。アメリカ大統領選でドナルド・トランプが勝利し、イギリスが国民投票によってEU離脱を決めた。反対の声がありつつも、それまでは大筋では推し進められてきたグローバル化を明確に拒否する動きだった。

　ドナルド・トランプは、海外からの輸入の制限、移民の抑制や排斥を強く訴えた。それが現状に不安や不満を感じている人々の心に響いたのである。イギリスでは、移民の増加とEUのルールに縛られることに不安や不満を感じる人々が、EU離脱に投票したと言われる。どちらも、複雑な要因が重なり合って起こった出来事であり、自由貿易と移民の増加だけで説明することはできない。しかし、1つの要因であったことには違いない。グローバル化を強く否定するこの2つの出来事は、世界に大きな衝撃を与えた。

　今後、このまま世界で反グローバリズムの流れが強まり、自国だけを優先する保護主義と排外主義の国が増えていくのだろうか。それとも、グローバル化の流れが再び強まり進展していくのだろうか。2016年の2つの出来事は、グローバル化について考え直す契機となったのではないだろうか。人々が不安や不満を感じずに幸福でいるためには、グローバル化とどのように向き合っていけばよいのか、より深く考え続けていくことが必要な時代になったのである。

1 「[Ⓐ]自由貿易」が 20 世紀末以降の世界に広がっているのはどうしてだと筆者は述べていますか。
最も適当な答えを a ～ d から 1 つ選んでください。

a. 戦争で世界各国が経済政策や貿易のありかたを考え直し、輸送技術も発展したから。

b. 20 世紀末に D. リカードの比較生産費説が正しい学説だと証明されたから。

c. 貿易相手国が増え、関税で貿易を制限するのが非常に複雑になったから。

d. 先進国にとって、自由貿易のほうが利益を上げやすいから。

2 筆者は「自由貿易」の問題点として、どのようなことを挙げていますか。下線部に当てはまる言葉を書いて、まとめてください。

比較生産費説では、^①＿＿＿＿＿＿＿＿＿＿＿産業に労働者が^②＿＿＿＿＿＿＿＿＿＿＿が、

実際には、簡単に^③＿＿＿＿＿産業から移動できる人ばかりではなく、自由貿易の^④＿＿＿＿＿

＿＿＿＿＿＿＿＿＿＿＿人も生み出されていること。

3 移民が増加することで、どのようなことが起きると筆者は述べていますか。当てはまるものすべてに〇を書いてください。

a. 移民が持つ多様な文化がその国のグローバル化に貢献し、新しい文化を生み出す。

b. 移民を支援する体制が整えられ、支援に関わる人が成長する機会を得られるようになる。

c. 移民が働き手となり、消費や納税を通して国が活性化する。

d. 他国との懸け橋になる人材が増え、新しい産業が生まれる。

e. 安い給料で働く人がいるため、以前から住んでいる人の仕事を奪うことになる。

f. 地域社会に入って行けない人が、社会的な負担になる。

g. 文化的な衝突が増え、国民が分断されることになる。

4-1 「[Ⓑ]反グローバリズム」を代表する出来事として筆者は何を挙げていますか。2 つ書いてください。

• ＿＿＿＿＿＿＿＿＿＿＿＿＿＿＿＿＿＿＿＿＿＿＿＿＿＿＿＿＿＿＿＿＿

• ＿＿＿＿＿＿＿＿＿＿＿＿＿＿＿＿＿＿＿＿＿＿＿＿＿＿＿＿＿＿＿＿＿

4-2 この 2 つの出来事に共通していることは何ですか。

＿＿＿＿＿＿＿＿＿＿＿＿＿＿＿＿＿＿＿＿

（次のページにつづく）

5 筆者は、グローバル化について、どう考えていますか。以下のキーワードを用いて、300字程度でまとめてください。

［キーワード：自由貿易　移民（いみん）　反グローバリズム　幸福］

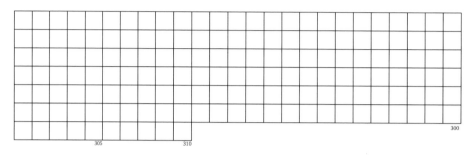

自分の国の貿易について、調べてみましょう。

1 あなたの国は、どの国から何を輸入し、どの国に何を輸入していますか。調べてみましょう。

あなたの国：[＿＿＿＿＿＿＿＿＿＿＿＿＿]

	どの国／地域から	何を	備考
輸入			

	どの国／地域に	何を	備考
輸出			

2 対象国、商品を自分で選んで、自国の関税率について調べてみましょう。

対象国	商品	関税率

経済学が目指すもの

私が大学で経済学を学ぼうと志した理由は二つあります。一つは、なぜ景気が良くなったり悪くなったりするのか、その理由を知りたかったからです。もう一つは、なぜ人間は戦争という愚かな行為を繰り返すのかを探りたかったからです。もちろん、両者は無関係ではありません。20世紀に人類は2度の世界大戦を経験しましたが、その背後にはいずれも自国の経済問題が絡んでいました。すなわち、国内が不況になれば、販路を求めて外に領土を求めようとします。その結果、国益と国益がぶつかり合い戦争となります。誤解を恐れずに単純化すれば、2度の世界大戦の根っこにある原因は、いずれも経済対立にあったといえます。

経済学はけっしてお金儲けのための学問ではありません。経済学の目的は、みんなが幸せだと実感できる社会をつくることです。経済学を効率性だけを追求する人間味のない冷たい学問だという人がいますが、社会の貴重な資源を無駄にしないように使う効率性の追求は、人々をhappyにするために必要なことです。経済学の目指す理想は、貧困を追放し、所得格差も小さく、不景気や失業もなく、インフレやデフレもなく、社会保障も行き届いていて、みんなが一生安心して暮らせる社会を実現することです。医学という学問が病気を治療するのと同じように、経済学は社会の病気を治療するための学問です。

とりわけ、戦争は人間を不幸にする最たるものです。人間は、宗教や民族が違っていても仲良くできます。しかし、経済対立が激しくなり、「食えなくなる」と殺し合いを始めます。

歴史に「もし」ということはあり得ません。しかし、それでも「もし、世界恐慌がなければ、第二次世界大戦は起きていなかったのではないか」「あの当時もう少し経済理論が発達していれば、恐慌を未然に防ぐことができたのではないか」と、ふと思うことがあります。戦争の背後にある経済問題をいかに解決するかは、昔もいまも変わらぬ経済学の最も重要な仕事だと考えます。

（南英世『意味がわかる経済学』ベレ出版）

７章

フェア？ アンフェア？

Q 次の①〜⑥の文章を、意味がつながるように並べ替え、
登場人物の関係を説明してみましょう。

① 路上（ろじょう）で交通事故がありました。

② 外科医（げかい）は「息子！　これは私の息子です！」
と叫びました。

③ 重傷（じゅうしょう）の息子の身元（みもと）を、病院の外科医（げかい）が確認
しました。

④ 父は即死（そくし）です。

⑤ 息子は病院に運ばれました。

⑥ トラックが、ある男性とその息子をひきま
した。

（①）→（　　）→（　　）→（　　）→（　　）
→（　　）

（参考：Maidenhead Teachers Centre（1983）『Doing Things Pack』）

読む

①

ある熟年夫婦の関係性

30年近くも前の出来事だが、今でも時折思い出す光景がある。

学生時代に海外に旅行したときのことだ。その日、私は近くの島に出かけるクルーズに参加した。当時、日本はバブル景気の真っ只中で、空前の海外旅行ブームだった。クルーズ参加者のほとんどは日本人の若者だった。そのなかに、一組だけ、熟年の夫婦がいた。妻はいたって社交的

5 で、若い人に話題を合わせて場の雰囲気を和ませていた。他方、夫は無口で、周りの人とはもちろん、妻とさえ、必要最小限の言葉しか交わさなかった。ただ、不機嫌とか夫婦喧嘩をしているというふうではなかった。おそらく、普段からそのような夫婦なのだろうと思わせるような自然な態度だった。

Ⓐその出来事は、島での昼食の時に起こった。昼食はバーベキューだった。ヤシの木陰に数十

10 人分の簡易食卓と椅子が、そして食卓の上には食器を乗せたトレイが並べられていた。食卓の向こうにあるバーベキュー・コンロからは煙が上がり、スタッフが次々と焼きあがる肉や魚を、コンロの横にある大皿に盛り上げていた。その隣の大テーブルには、サラダ、ジュース、トロピカルフルーツなどが所狭しと並んでいた。

みんなが思い思いに食卓についた。熟年夫婦は私の斜め前に座った。全員が着席すると、ガイ

15 ドさんが、各自トレイをもって大テーブルに行き、飲み物、サラダ、肉、魚、デザートなどを取って来るよう指示した。みんなが一斉にトレイをもって立ち上がり、食べ物が並んでいる大テーブルに向って動き始めた。気がつくと、大テーブルの前には長い列ができ、初動が遅かった私は列の最後尾あたりに並んだ。

すっかり人影がなくなった食卓に目をやると、あの男がひとりポツンと座っている。ガイドさ

20 んの指示が理解できなかったのだろうか。いや、妻と一緒なのだから、わからなければ彼女が教えてあげただろう。足でも悪いのだろうか。いや、今までは普通に歩いていた……。一瞬のうちに、いろいろな考えが脳裏をよぎったが、頭はすぐに目の前のごちそうに切り替えられた。

私が食べ物を一通りトレイに乗せて食卓に戻ってくると、あの男が黙々と食事をしているではないか。何という早業。いつの間に食べ物を取ってきたのだろう。私が並んでいたとき、彼はま

25 だ食卓で座っていたのに……。ふと気がつけば、彼の妻がいない。周りを見回すと、彼女は短くなった列の一番後ろに再びトレイをもって並んでいるではないか。

そう。夫は妻が運んでくれた昼食を一人黙々と食べ、彼女は自分の食事をもらうために再び列の最後尾に並んでいたのだ。これには驚いたが、驚いたのは私だけではないようで、周りの人たちも、一人悠然と食べている夫と再び行列している妻を、それとなく横目で観察している様子だっ

30 た。

　妻が自分の食べ物をもって再び食卓に戻ってきたとき、夫は半分以上食事を終えていた。彼女は、食卓に着くと、夫に何か声をかけ、食事を始めた。これもごく自然な所作で、^⑧**二人の関係がいつもこうであろうことを物語っていた。**夫の食事の準備は妻の役割であり、出来上がった料理を食卓に運ぶことも妻の役割だ。それは、たとえ旅先でも変わらないというのがこの夫婦の決まりごとのようだ。

　私が、なぜ30年も前の光景を時折克明に思い出すのかは、自分でもよくわからない。ただ、一つ言えることは、あの光景を思い出すときの私の感情は、この30年間にかなり変化したということだ。若い頃は、あの光景を思い出すとき、憤り、苛立ち、嘲りなどの感情を伴った。何という男だろう。いったい自分を何様と思っているのか。夫が夫なら妻も妻だ。自分の食事くらい自分で運ばせればいいではないか。何でも世話を焼くから、夫が何もしなくなるのだ。

　ところが、自分自身がおそらくはあの夫婦の年齢に達した今は、あの光景を思い出してもそのような感情を伴うことはない。むしろ、あの時の男の心情がどうだったかということに思いを巡らせている。自分以外の全員がトレイをもって行列しているときに、一人席に残って妻に食事を運ばせるというのは、非常に目立つ行為だ。周りからの好奇の視線に耐えなければならない。彼は、その視線に気づかないほど鈍感な人にも見えなかった。たとえ好奇の目にさらされても、あえて日頃の夫婦の役割を守るほうを二人は選択したに違いない。

　私がこの出来事を紹介したのは、「^⑥**ジェンダー**」とは、まさにこのような男女の関係、性役割とその自覚を意味するからである。妻に食事を運ばせるのが彼の生き方であり、彼にとっての男らしさの表現である。夫の世話を焼くのが妻の人生であり、彼女にとっての女らしさの表現である。彼らが演じる男らしさ、女らしさは、何の合理性も道理もないつまらないこだわりのように思える。しかし、はたして彼らのつまらないこだわりを笑える人はどれほどいるだろうか。

　彼らのこだわりが滑稽に見えるのは、彼らが唯一の熟年夫婦だったからではないか。逆に、熟年夫婦ばかりのツアーに参加していれば、自分の食事を運ぶ男性のほうが奇異に見えたかもしれないし、夫に食事を運ばせる妻が周りから批難を浴びたかもしれない。

私たちも、後世の人たちから見れば、合理性も道理もない男らしさや女らしさを演じているのである。ほとんどの場合、自分ではそれに気がついていないか、気づかぬふりをしているだけだ。しかし、社会から与えられたジェンダーという器に納まり切らない個性の持ち主は決して少なくない。手芸が好きな男の子、野球が得意な女の子、スポーツが苦手な男の子、料理に興味をもてない女の子、正社員になれない男性、仕事が生きがいの女性、男性の恋人をもつ男性、戸籍上の性別が男性である女性……。誰も一度や二度は、「もし、別の性に生まれていれば」と考えたことがあるのではないだろうか。

　世界のどこの地域、いつの時代にも、性役割は存在した。どんな社会になっても私たちが性役割から完全に自由になることはないだろう。しかし、性役割に関してより厳格で硬直的な社会と寛容で柔軟な社会の違いは存在する。男らしく生きることや女らしく生きることを負担に思う自分がいるとすれば、変わるべきは自分自身ではなく、それを要求する社会のほうかもしれない。

（川口章『日本のジェンダーを考える』（有斐閣選書）有斐閣）

①-1 「[Ⓐ]その出来事」について、質問に答えてください。

バーベキューの時、ある熟年夫婦の妻だけが^①＿＿＿＿＿＿＿＿＿＿＿＿＿＿＿＿＿＿＿、

夫は^②＿＿＿＿＿＿＿＿＿＿＿＿＿＿＿＿＿＿＿、という出来事

①-2 そのときの筆者と周りの人の反応はどのようなものでしたか。一方、夫婦はどのような様子でしたか。

② 「[Ⓑ]二人の関係がいつもこうであろうことを物語っていた」とありますが、その関係はどのようなものだと言えますか。下線部に当てはまる言葉を書いてください。

いつも、＿＿＿＿＿＿＿＿＿＿＿＿＿＿＿関係

③ 「[Ⓐ]その出来事」について思い出すとき、筆者は若い頃はどのように感じ、30 年たった今はどのように感じていますか。最も適当な答えを a~d の中から 1 つ選んでください。

a. 若い頃は腹が立ったが、今はそのことにまったく興味がなくなっている。

b. 若い頃は腹が立ったが、今は男がそのとき何を考えていたのか気になっている。

c. 若い頃はうらやましいと思ったが、今はどうして男がそんな態度だったか不思議に思っている。

d. 若い頃はうらやましいと思ったが、今はそのとき男は寂しかっただろうと考えている。

④ 「[Ⓒ]ジェンダー」とはどのようなものですか。定義を、本文を参考にして書いてください。

（次のページにつづく）

5 ジェンダーについての筆者の考えを、下線部に当てはまる言葉を書いて、まとめてください。

　　ジェンダーは① _____ によって変わり、私たちも② _____ から見ると

③ _____ や④ _____ がない男女の役割を演じている。

　　だから、私たちは⑤ _____ の関係を見て笑うことはできない。

　　私たちは⑥ _____ に気づいていないことが多いが、その枠にとどまらない人も多い。

　　⑦ _____ でもジェンダーは存在し、性役割から

⑧ _____ 。しかし、⑨ _____ を負担に感じるとき、

変わるべきは⑩ _____ ではないだろうか。

ジェンダーの視点から自分の人生と社会について、考えてみましょう。

1 もし、今と違う性に生まれていたら、どのようなことを考え、どうしていると思いますか。
（例：毎日の生活、進学先、やりたい仕事、趣味、将来設計、など……）
具体的にクラスの仲間と話し合ってみましょう。

2 本文に、「私たちも、後世(こうせい)の人たちから見れば、合理性も道理(どうり)もない男らしさや女らしさを演(えん)じているのである」とあるように、女性や男性のあり方やその関係は時代によって変化しています。日本社会や自分の国・地域の社会がどのような変化をしてきたか調べてみましょう。
（例：法律、職業名、家事・育児、など……）

女性の働き方

M字型就労

　女性が出産以降いったん仕事を辞め、子どもが大きくなったらパートタイムなどの仕事に再就職する働き方をすることは<u>Ⓐ M字型就労</u>と呼ばれています。これは、女性の年齢ごとの就業率を折れ線グラフに示すと、ちょうどアルファベットの「M」のように真ん中（30歳代前後）

5　の就業率が落ち込むことからそう呼ばれてきたものです。M字型就労は1946～50年に生まれたいわゆる「団塊の世代」にもっともはっきり現れていたことが知られています。彼女たちが育児期を迎えた時期はちょうど1970年代から80年代前半にあたりますが、ちょうどそのころからM字型就労が女性の働きかたとして定着したといえます。しかし団塊の世代より若い人たちのあいだではこのM字の「底」は徐々に上がっているのです。アメリカやイギリスでも一時

10　期、女性の就労パターンはこのM字型を示していたことがありましたが、いまでは「底」のない「台形」を示しています。女性は育児期に入っても仕事を辞めなくなったのです。今後の日本社会でも専業主婦はきわめて少数派になり、女性の就労パターンも台形に近くなっていくと考えられています。なぜならそうでなければ経済的にやっていけない時代がきているからです。

15　女性の再就職

　1980年代ごろまでの女性の再就職先はほとんどがパートタイムの仕事でした。女性たちがそれを選んだというより、それしか選択肢がなかったというべきでしょう。パートタイムは一見、時間の融通がきく自由な働き方のようにみえるかもしれません。女性が家に帰って子どもの世話や家事をするためにはパートタイム労働のほうが都合がいいのではないかと思う人もいるかもし

20　れませんね。しかし実態はそんなに甘いものではないのです。<u>Ⓑパートタイム労働者</u>の実際の労働状況をみると、とても「パートタイム」とは呼べないような長時間労働をさせられていることも少なくありません。実際には正社員と同様の業務を任されている場合も多かったにもかかわらず、賃金はパートタイマーであるという理由で低く抑えられていました。

　パートタイムでは仕事内容や労働時間は正社員とほとんど変わらない場合でも、賃金や社会保

25　障の点での待遇が著しく悪いのも特徴です。昇進や昇給の機会は著しく少なく、ボーナスや残業手当も支給されないのが通常です。（「所定の働いてもらった時間分だけ給与を支給する」のがパートタイム労働者のタテマエですから）。雇用主はパートタイム労働者の福利厚生も保障する必要がありませんし、当時は正社員の育児休業制度でさえ整っていませんでしたから、パートタイマーが育児休業はもとより、産前産後休業をとることはほとんどできませんでした。そんなこ

30　とを理由に休まれるくらいなら別の人を雇ったほうが簡単だからです。

パートタイム労働者は、雇用主にとって非常に「お得」な労働者なのです。雇用期間を自在に決められることから、雇用の「調整弁」として使われることもしばしばです。日本経済は長い間、このような労働条件の悪いなかで低賃金で働いてきた主婦パートによって支えられてきたといえるのです。

男女間賃金格差

厚生労働省の賃金構造基本統計調査によれば、パートタイムの人を除いた一般労働者の男女間所定内給与格差は 2011 年では男性 100 に対して女性は 70.6 でした。ここから正社員だけ取り出して比較した場合は、男性 100 に対して女性 73.1 で、いずれにせよ 7 割程度にとどまっていることがわかります。これでも男女間賃金格差は以前よりは縮小しているのです。もっとも、最近の男女間賃金格差の縮小は女性の平均賃金の上昇によるものではなく、男性全体の平均賃金が 10 年ほど前から下がりつづけていたことによるものです。男性労働者間の格差の広がりが、男性全体の平均賃金を引き下げ、結果的に女性との格差縮小につながったのです。

もちろん諸外国でも©男女の賃金格差はみられますが、日本の場合、その格差が他国に比べて大きいことが特徴です。労働政策研究・研修機構『データブック国際労働比較』（2012 年版）によると、主要先進国の 2010 年段階の男女間賃金格差は男性 100 に対してアメリカ 81.2、イギリス 80.1、ドイツ 82.2、フランス 82.5 であり、これに対して日本は 69.3 といった状況です。ここからは日本の男女間賃金格差が他国と比べかなり大きいことがわかるでしょう。

男女間賃金格差の要因

まず男女間賃金格差を生み出している最大の要因は「職階」であることがわかりました。つまり係長・課長・部長などの役職についている女性の割合が低いことが賃金に影響しているというわけです。続いて影響力が大きいのは勤続年数でした。やはり、女性が長く働き続けられないことが女性の平均賃金を押し下げてしまっているということです。いずれにせよ、女性の平均賃金を上げるには女性の役職者を増やすことが重要なわけですが、＜略＞ 女性が昇進することはなかなか簡単なことではありません。とくに日本は諸外国と比べて管理職に占める女性の割合がきわめて少ないことが知られており、働く環境を整備したうえでの女性管理職の拡大が急務といえるでしょう。もっとも、こうした要因分析を行ってみてわかるのは、仮に女性の管理職率や勤続年数などを、男性のそれと等しくしてみても、相変わらず男女の賃金格差はゼロにはならないということです。男女間賃金格差の問題は複合的な問題であり、解決までの道のりはまだまだ遠いといえそうです。

（千田有紀・中西祐子・青山薫『ジェンダー論をつかむ』有斐閣）

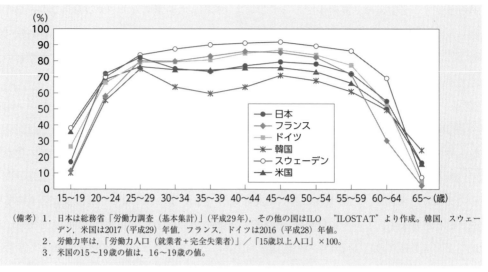

(備考) 1. 日本は総務省「労働力調査（基本集計）」（平成29年），その他の国はILO "ILOSTAT" より作成。韓国，スウェーデン，米国は2017（平成29）年値，フランス，ドイツは2016（平成28）年値。
2. 労働力率は，「労働力人口（就業者＋完全失業者）」／「15歳以上人口」×100。
3. 米国の15〜19歳の値は，16〜19歳の値。

（内閣府男女共同参画局「男女共同参画白書　平成30年版」より）

図1 「女性の年齢階級別労働力率の推移（各国比較）」

①-1 「[Ⓐ]M 字型就労」とは、どのようなことですか。説明してください。

①-2 今後の日本社会で女性の「[Ⓐ]M 字型就労」はどうなっていくと考えられていますか。その理由とともに、下線部に当てはまる言葉を書いて、まとめてください。

①＿＿＿＿＿＿＿＿＿＿＿＿＿＿＿＿＿＿＿＿＿＿＿＿＿＿＿＿＿＿＿＿ので、

②＿＿＿＿＿＿＿＿＿＿＿＿＿＿＿＿女性は減り、女性の年齢別就労率を示す折れ線グラフ

の M 字型は^③＿＿＿＿＿＿＿＿＿＿＿＿。

② 「[Ⓑ]パートタイム労働者」は会社にどう思われていると筆者は考えていますか。最も適当な答えを a~d の中から 1 つ選んでください。

a. 労働条件を低く抑えられる、便利な存在だと思われている。

b. 正社員と同様の業務を任せられる、有能な人材だと思われている。

c. 厚い社会保障が必要な、面倒な存在だと思われている。

d. あまり技術をもたない、会社の負担になる人だと思われている。

③-1 日本の「[Ⓒ]男女の賃金格差」はどのような状況ですか。具体的に説明してください。

③-2 日本における「[Ⓒ]男女の賃金格差」のいちばんの原因は何だと筆者は言っていますか。最も適当な答えを a~d の中から 1 つ選んでください。

a. 女性に長期間働き続ける気持ちがないこと

b. 昇進のチャンスを男性上司が女性から奪っていること

c. 男性が長時間労働で多くの賃金をもらっていること

d. 管理職のほとんどが男性であること

④ 下線部に当てはまる言葉を書いて、本文についてまとめてください。

80 年代ごろまで女性の再就職は、^①＿＿＿＿＿＿＿の仕事以外の選択肢がほとんどなく、

②＿＿＿＿＿＿と同等の仕事をしていても^③＿＿＿＿＿＿＿＿＿＿＿＿＿＿＿＿。また、正社員

の男女の給料を比較しても、日本の男女の賃金格差は^④＿＿＿＿＿＿。

こうなる要因は、^⑤＿＿＿＿＿＿、次いで^⑥＿＿＿＿＿＿＿である。しかし、これらの条件を

同じにしても、男女の賃金格差は^⑦＿＿＿＿＿＿＿＿＿＿。この問題は^⑧＿＿＿＿＿＿＿で、

⑨＿＿＿＿＿＿＿＿＿＿＿＿。

仕事や働き方について、考えてみましょう。

1 あなたはA社で働いている会社員だとします。あなたの給料は同じA社で働く他の社員と比べて安いようです。どのような理由ならそれに納得できますか。また、どのような理由は納得できませんか。【納得できる理由】【納得できない理由】を挙げてください。クラスの仲間と話し合ってみましょう。

納得できる理由	納得できない理由

2 あなたの国では、女性と男性の働き方は同じですか、それとも違いますか。違う場合は、どう違いますか。また、なぜ違うと考えられますか。クラスの仲間と話し合ってみましょう。

労働時間は？

職種は？

＿＿＿＿は？

給料は？

業種は？

男がつらいよ

男性が抱える不安の正体

大学時代、ほとんどの友人が就職活動をする中、私は大学院に進学するために受験勉強をしていました。無事に大学院には入学できましたが、そこから30歳近くまで学生生活を送ることになります。正直、とても不安でした。

学校を卒業後は、正社員として就職、結婚して、家族を養い、40年近く勤めあげて定年を迎える。こうした「普通の男性」としての生き方が、自分にはできていないと思ったからです。しかし、ふと周りを見回してみると、こうした悩みは学生を続けていた私だけのものではないことがわかりました。

バブル崩壊、リーマンショックを経て、男性の平均年収は大幅に下がっています。メーカーや建築業などの昔からの代表的な産業は衰退し、少なくない男性が職を失うことになりました。また、若い世代では不安定な働き方が問題になっています。これまで、男性の人生は、「卒業→就職→結婚→定年」という一本道を通っていくようなものでした。しかし、日本の現状では、この道を歩けること自体が一種のステータスになってしまっています。「普通」や「当たり前」と思っていた人生を実現できない。ここに多くの男性が「生きづらい」と感じる根本的な原因があります。

＜略＞

絶望の時代の希望の男性学

男性学なんて聞いたことがないという方が多いかもしれません。日本では 1980 年代後半に議論がはじまりました。ですから、30 年近い歴史があります。

男性学は女性学の影響を受けて成立しました。女性学は女性が抱える問題や悩みを対象にしています。例えば、女性の場合、結婚や出産をきっかけに仕事を続けるかどうか考えなければなりません。これは女性だからこそ抱えてしまう「女性問題」だといえます。

一方で、男性は結婚や子どもの誕生で、仕事を辞められないというプレッシャーを感じます。こちらは、男性が男性だからこそ抱えてしまう「男性問題」ということになります。日本では、男性と仕事の結びつきがあまりにも強いので、男性と仕事の関係は働きすぎや過労死といった多くの「男性問題」を生み出しています。

あまり知られていませんが、自殺者数は男女で大きな差があり、典型的な「男性問題」の一つです。さらに、結婚難やオタク差別といった「男性問題」も存在しています。私は男性学の視点からこうした領域について、大学院時代から 10 数年に渡って研究してきました。

＜略＞

また、長年、男性を対象とした市民講座を担当してきました。10 年前、こうした講座に参加するのは時間のある定年退職者ばかりでした。それが、ここ数年は 30 代から 40 代の男性が参加するようになっています。「生きづらさ」を実感している男性が、それだけ増えているということでしょう。

＜略＞

これまでのやり方が通用しないからといって、嘆いてばかりいても仕方ありません。「昔はよかった」とつぶやいたところで、事態が好転するわけでもありません。男性学を通して、新しい男性の生き方を一緒に考えてみましょう。

（田中俊之『男がつらいよ——絶望の時代の希望の男性学』KADOKAWA）

いのちと科学

1　「安楽死」と「尊厳死」について聞いたことがありますか。

2　安楽死が合法とされている国はありますか。調べてみましょう。

3　安楽死が合法化された場合、どのような問題が起きると考えられますか。

（2 の答えは 107 ページ）

いのちの「終わり」は誰が決めるのか

いのちの「終わり」は誰が決めるのでしょうか。

かつて、私たちのいのちの「終わり」は「自然に」訪れるものでした。自発呼吸が止まれば、やがて心臓の鼓動が止まり、最後に脳の機能が停止するという「死の過程」を、とくに疑問もなく（あるいは、やむを得ず）受け入れていました。

5　ところが、1950年代に、人工呼吸器が使われるようになると、自発呼吸ができなくなっても、機械の力を借りて、心臓を動かし続けることができるようになりました。さらに、心肺蘇生、昇圧剤の投与、栄養チューブや輸液など、さまざまな方法で、「自然」な状態ではすでに失われていたはずのいのちを、つなぎとめることができるようになりました。

人工呼吸器や心肺蘇生によって、一命をとりとめ、その後、無事に社会復帰できた人たちもた

10　くさんいます。しかし、同時に、このような医療技術の進歩によって、医療機器による生命維持（延命）という「前例のない状況」下での、「前例のない倫理問題」が発生することにもなったのです。

“早く逝かせてくれ、頼む”

15　次のような場面を一緒に考えてみましょう。

シドニィ・シェルダンの小説『女医』に登場する研修医ペイジ・タイラーは、深夜3時に、突然、末期の心臓しゅようの患者ジョン・クロニン氏に呼び出されます。ペイジが駆け付けたとき、クロニン氏はがんの激痛によってけいれんを起こしながら、弱々しい声で訴えました。

「痛み止めがぜんぜん効かないんだ。この苦しみにはもう耐えられない。わしを逝かせてくれ」

20　今すぐに自分を死なせてくれ、そう頼んだのです。

ペイジはクロニン氏の手を握りながら、こういうしかありませんでした。

「それはできないのよ、ジョン」

「わしはもうくたくただよ、ペイジ。……わしは痛みに弱いんだ。こんなに管をたくさんつけられて、実験動物みたいに縛りつけられているのはもうたまらん。……このまま死ぬしかないん

25　だから、早く逝かせてくれ、頼む！」

全身から声をしぼり出して、必死にそう訴えるクロニン氏から目をそらすことができないまま、ペイジは、しばらく沈黙していました。（ジョンをこのまま苦しみにさらし続けていてよいのだろうか。これ以上、医療にできることはない。彼の余命はあと数日……。）

Ⓐペイジの心のなかに芽生え始めた疑問を促すかのように、クロニン氏はなおも訴えます。

30　「お願いだ……なんとかしてくれ……」「わしの生命なんだぞ、ペイジ……わしの好きなように

させてくれ」（シドニィ・シェルダン著、天馬龍行訳『女医』＜下＞アカデミー出版、1998 年、184 ページ以下）。

　ペイジはどうしたらよいのでしょうか。

いのちの「終わり」の選択

　あなたがペイジだったら、どうするかを考えてみましょう。

　いのちの「終わり方」の代表的な選択肢をあげてみます。

①痛み止めが全く効かないのなら、鎮静剤で意識レベルを下げ、クロニン氏に眠ってもらうしかない（目が覚めると、また痛みだすので、死ぬまで眠り続けてもらう）。

②クロニン氏が、肺炎や呼吸困難を起こしたとき、治療を差し控える（ただし、この場合でも、痛みを和らげる治療は、最後まで継続されます）。

③クロニン氏の希望通り、致死薬を投与して死なせる。

④生命はすべて尊いものなのだから、最後までクロニン氏の延命治療を行う。

　さあ、どれを選びましたか。

　クロニン氏は⑧「わしの生命なんだぞ、ペイジ」と言っていました。

　みなさんも「そうだ、自分のいのちは自分のものだ」と思いますか。

　あるいは「いのちが自分のものかは分からないけど、自分のいのちの「終わり」は自分で決めたい」、「治らない病気で、もうじき死ぬんだったら、自分で死に方を選びたい」と思うでしょうか。

　少なくともこのような場合、クロニン氏は、自分のいのちの「終わり」を「自分の好きなように」決められるのかどうか、気になりますよね。

　現在、世界中のほとんどの国では、人間には「自分のいのちを終わらせる権利」（死ぬ権利）はないけれど、治らない病気でじきに死んでしまう場合には「いのちの終わらせ方を選ぶ権利」（死の迎え方の選択権）はあるとされています。

　まぎらわしいかも知れませんが、この 2 つは区別されています。

　たとえ治らない病気であっても、自殺をする権利や、「楽に死ねるように」医師から致死薬を処方してもらって自殺を手伝ってもらう権利は（後者は、ごく一部の国や州＜アメリカ・オレゴン州＞を除いて）、認められてはいません。

　けれども、病気で死に近づきつつあるときに、薬でできるだけ身体の痛みを感じないようにしたいとか（その結果、死期が早まることもあります）、医療機器や薬でいのちを「引き延ばす」ことはしてほしくないということであれば、希望が叶えられることもあります。

「でも、よく患者の自己決定権っていうでしょ？　自己決定の権利なんだから、自殺や安楽死の権利があったっていいじゃないか」という人もいるかもしれません。

　患者が自己決定権をもつ、自分の「いのち」を自分で決める権利をもつということは、どういうことなのでしょうか。たしかに単純に考えれば、自分の「いのち」についての処分権をもつということでしょう。

　　＜略＞

　私も高校生のときには、このように単純に考えていました。

　「いのち」は自分の所有物なんだから、自殺する権利だってあるはずだ、と（別に自殺願望があったわけではありませんよ）。欧米で、患者本人の要請に基づいて自殺の手助けをした医師が有罪になった事件を聞いて、おかしな話だなと思っていたのです。医師は患者の自殺権をサポートしてくれたのに、なぜ罪に問われるんだろうと。

　けれども、現在、自己決定権をこのように解釈する人は、けっして多くはありません。主流を占めている考え方は、こうです。

　「いのち」は個人の自由な処分の対象ではなく、自殺の権利は存在しない。けれども、患者は「いのち」ではなく、自分の「いのちの質」（生命の質、QOL※1）についての決定権をもっている。苦痛を回避したり、自分の尊厳に反するような「いのちの状態」を避けたりするためであれば、治療を拒否すること（国や地域によっては安楽死を要請すること）は許される、と。

　自分のいのちなのに、なぜ自由に決められないんだろうと思うかもしれませんが、実際に致死薬を処方したりするのは、医師になりますから、医師の行為が法律や倫理から見てどうなるのかということも問題となってきます。

医師にできるのはどこまでか

4つの選択肢のうち、医師の行為として問題となるのは、①②③です。この3つは、最後の④とは違って、何らかの形で患者の死期を早めたり、患者の意識を失わせたりする行為だからです。

医療以外の場面を考えればわかりやすいでしょう。ふつう相手を薬で意識不明にさせたり、相手の生命を奪ったりすることは、「殺人」や「傷害」の罪になりますよね。

①②③の選択肢のうち、クロニン氏が選べる（医師が行うことが許される）のは、①と②です。③は、ごく一部の国を除いて禁止されている行為で、これを行った場合、医師は「殺人罪」で起訴される可能性があります。ペイジも「それはできないのよ、ジョン」といっていましたね。「殺人」の罪にあたるからです。

＜略＞

苦しむ患者本人が、つよく望んでいるのであれば、「積極的安楽死※2」は認められてもいいんじゃないかと思う人もいるでしょう。耐えがたい痛みにさらされている人を、本人の希望通りに、楽にしてあげて何が悪いんだろう。苦しみから救ってあげているんだし、しかも医師なら、薬や注射で静かに死なせてあげることができるのに……。

この行為（積極的安楽死）に対しては、強固な反対意見があります。

真っ先にあげられるのは、医師が患者に致死薬を投与して殺してしまうことは、医師の職業倫理に反するという意見です。当然のことながら、医師には患者の生命を救う職務があり、殺すことは医師の仕事ではないということです。

これは医学そのものにとって、とても奥の深い問題です。

＜略＞

みなさんにとって理想的な医師とはどんな人ですか？

ブラック・ジャック※3のように、医師はいかなる場合であっても、「尊いいのち」を「自然な終わり」がくるまで救い続けるべきなのでしょうか。それとも、治る見込みのない患者を、報われない苦しみから解放することもまた、患者を「救うこと」なのでしょうか。

（小林亜津子『はじめて学ぶ生命倫理──「いのち」は誰が決めるのか』（ちくまプリマー新書）筑摩書房）

＊縦書きを横書きにするにあたり、漢数字を算用数字に変えた。

※1　QOL：Quality of Life

※2　積極的安楽死：患者に致死薬を投与して、直接いのちを絶つ行為のこと。「消極的安楽死」は、治療を開始しない、治療を中断するなどによって患者を死に至らしめることを指す。

※3　ブラック・ジャック：手塚治虫のマンガ「ブラック・ジャック」の主人公。天才的な外科医で、その技術で多くの重症・重傷患者を助ける。どんな重症・重傷患者でも命を救うために治療をする。

① 「[Ⓐ]ペイジの心のなかに芽生え始めた疑問」とありますが、具体的にどのような疑問ですか。最も適当な答えを a~d の中から 1 つ選んでください。

a. クロニン氏にもっと痛み止めを与えるべきかどうか

b. クロニン氏にこのまま苦しい思いをさせるべきかどうか

c. クロニン氏の治療が成功するかどうか

d. クロニン氏が本当に死にたいと思っているかどうか

② 「[Ⓑ]『わしの生命なんだぞ、ペイジ』」とありますが、ここではどのような意味ですか。最も適当な答えを a~d の中から 1 つ選んでください。

a. 自分のいのちは病院で終わらせたくない。

b. 自分のいのちをなんとかして守ってもらいたい。

c. 自分のいのちを守るための治療方法は自分で決めたい。

d. 自分のいのちの終わりは自分で好きなように決めたい。

③ 筆者は、「自分のいのちを終わらせる権利」と、「いのちの終わらせ方を選ぶ権利」について、どのようなものだと説明していますか。下線部に当てはまる言葉を書いて、まとめてください。

• 「自分のいのちを終わらせる権利」とは、①＿＿＿＿＿＿＿＿＿で②＿＿＿＿＿＿＿＿＿とき

に、③＿＿＿＿＿＿＿権利や、④＿＿＿＿＿＿＿＿＿＿＿＿＿＿＿＿＿＿＿＿＿

＿＿＿＿＿＿＿＿＿＿＿＿＿＿＿＿＿権利

• 「いのちの終わらせ方を選ぶ権利」とは、⑤＿＿＿＿＿＿＿で⑥＿＿＿＿＿＿＿ときに、

⑦＿＿＿＿＿＿＿＿＿＿＿＿＿＿＿＿＿＿＿＿＿ようにしたり、

⑧＿＿＿＿＿＿＿＿＿＿＿＿＿＿＿＿＿＿＿＿＿＿ことを拒否したりする権利

④ 患者の「自殺する権利」について、どのような考え方があると筆者は述べていますか。下線部に当てはまる言葉を書いて、まとめてください。

筆者が高校生の時に考えていたように、①＿＿＿＿＿＿＿＿＿＿＿＿＿＿＿＿＿＿＿

＿＿＿＿＿＿＿＿＿＿＿＿＿＿＿という考え方もあるが、現在このような考え方は②＿＿＿＿＿で

はない。

いのちは、③＿＿＿＿＿＿＿＿＿＿＿＿＿＿＿ではなく④＿＿＿＿＿＿＿権利はない。

しかし、⑤＿＿＿＿＿＿＿を決める権利は持っているため、⑥＿＿＿＿＿＿＿＿＿＿ことは

許容される、という考え方が中心的になっている。

⑤ 筆者がこの文章を書いたいちばんの目的は何ですか。最も適当な答えを a~d の中から 1 つ選んでください。

a. 読者に助かる見込みのない患者のいのちの問題について考えてもらうこと

b. 読者にがんの末期患者の延命治療にはいろいろな選択肢があることを示すこと

c. 読者にがんの新しい治療方法を研究開発する医者になってもらうこと

d. 読者に小説『女医』を紹介して読んでもらうこと

⑥ 下線部に当てはまる言葉を書いて、本文についてまとめてください。

　　かつて、私たちはいのちの終わりを自然な①＿＿＿＿＿＿＿＿＿として受け入れていた。

　　しかし、②＿＿＿＿＿＿＿＿の使用から始まり、③＿＿＿＿＿＿＿や④＿＿＿＿＿＿＿

などの⑤＿＿＿＿＿＿＿＿＿によって、⑥＿＿＿＿＿＿による⑦＿＿＿＿＿＿が

行われるようになってきた。それにともない、前例のない⑧＿＿＿＿＿＿が発生することに

なった。

　　小説『女医』に登場するクロニン氏は、⑨＿＿＿＿＿＿＿＿＿を患い、⑩＿＿＿＿＿

＿＿＿＿＿＿＿状態に陥った。そこで、⑪＿＿＿＿＿に耐えかねているクロニン氏は、女医

のペイジに⑫＿＿＿＿＿＿＿＿と頼んだが、その頼みはペイジを⑬＿＿＿＿＿＿＿もの

だった。なぜなら、⑭＿＿＿＿＿＿＿＿＿＿＿＿＿＿＿＿＿たり、⑮＿＿＿＿＿

＿＿＿＿＿＿＿たりする行為は⑯＿＿＿＿＿であるからだ。

　　現在、⑰＿＿＿＿＿＿＿＿権利は本人にはないが、⑱＿＿＿＿＿＿を確保できなく

なった場合に、⑲＿＿＿＿＿＿＿＿権利はあると言われている。また、医師が致死薬を投与

することには、⑳＿＿＿＿＿＿＿として大きな問題があると言われる。よい医師とはどうい

うものか、この点から考える必要がある。

本文の中には、「さあ、どれを選びましたか」と、末期のがん患者の治療の選択について考える場面があります。同様に次の場面について、あなたも考えてみましょう。

1　あなたは医者です。自分の家族が、がんになり苦しんでいます。その人は苦しみから「薬で死なせてほしい」と言っています。あなたならどうしますか。そうする理由はなんですか。クラスの仲間と話し合ってみましょう。

　　　a. 希望通り、致死薬をあげて死なせる。
　　　b. 起きていると苦痛があるので、亡くなるまで鎮痛剤で眠らせる。
　　　c. 肺炎や呼吸困難を起こしたとき、治療をしない。
　　　　（痛みを少なくする治療は、最後まで続ける。）
　　　d. 最後まで延命治療を行う。
　　　e. その他

2　立場を変えて、考えてみましょう。
　　（例：患者が家族以外の場合、自分が患者の場合、……など）

【トビラページの問いの答え】

（田中美穂・児玉聡（2017）『終の選択　終末期医療を考える』勁草書房をもとに作成）

積極的安楽死を認めている主な国・地域

（オランダ、ベルギー、ルクセンブルク、コロンビア、カナダ・ケベック州）

上記のほかに、ベネルクス三国、スイス、カナダ、米国の一部州では自殺幇助（医師が薬物を処方したり提供したりすることによって、患者が自殺するのを助けるが、実際に薬を服用するのは患者であり、医師が直接手を下さないという点では積極的安楽死と区別される）が法的に認められている。

いのちを"つくって"もいいですか

もっと幸せなからだを目指して

医療の基本は、病気やけがなどによって苦しんでいる人をその苦しみから救ってあげることです。「働くはずの身体がうまく働かないために苦悩を生むので、それが機能するように戻してあげる」のが本来の目標でしょう。

5 しかし、現代の高度に発達したさまざまな医療技術は、「ふつうに機能する身体を、それ以上のものに変えていく」ことにも応用することができるのです。

もっとも身近でわかりやすい例は、美容整形でしょう。一重まぶたであることは何ら病気ではありませんが、これを自分の希望で二重まぶたにしてもらう、というように。他にも痩身や豊胸など、自分が「よりよい」と思う何かを手に入れるために、医療技術が用いられています。また、

10 たとえばホルモンの異常のために身長がなかなか伸びない子どもに対して、適切なホルモン剤を投与する治療を行えば、平均的な身長に達することは可能なはずですね。では、「子どもを優れたバスケットボール選手にしたい」という目的で、同じホルモン剤を平均以上の身長の子どもに投与したとしたら――このようなことも、技術的には十分に実現可能になっているのが今日の状況です。

15 医療技術のこのような使い方は、本来の目的である「治療（therapy）」に対して「Ⓐ**エンハンスメント（enhancement）**」とよびます。「強めること」とか「増強」という意味の英語で、「増進的介入」などと訳されることもありますが、次第に「エンハンスメント」という（カタカナの）言葉そのもので使われるようになっています。

20

25 理想の私　　理想の私

30

エンハンスメントの欲望の行方

　®現代の医療では、エンハンスメントが広まりつつあるのではないでしょうか。医療の目的が、治療のための医療から、より一層の幸福や能力を得るための医療、人びとの欲求・欲望を満たすための医療へと拡大されていくと、その結果は社会の非常に幅広い範囲の問題に影響を及ぼすことが予想されます。そしてそれを制限するものが何もなければ、人間の欲求、ことに健康について願い求めることには限りがないので、こうした傾向はどんどん進んでいくことでしょう。

　では、進んでいったその先には何が待っているのでしょうか。一例として、<略>「子どもを選ぶことができるようになる」ということについて、まず考えてみましょう。近年になって急速に広がってきている新しいタイプの「出生前診断」によって、おなかの中にいる赤ちゃんが先天的な異常をもっていないかどうかを、胎児の染色体を調べることで、妊娠のより早い段階で、またより高い精度で調べることができるようになってきています。それによって妊婦さんが負うリスクはより小さくなり、障害があるかどうかもより正確に判別できるようになってきました。これは確かに、一面は医学の勝利であると言えるでしょう。でも、そこでたとえば「ダウン症をもって生まれてくる可能性が高い」と判定されたとしたらどうでしょうか。そのような何らかの障害があると聞いたために生むことをあきらめてしまう、というケースは実際に少なくありません。

　この出生前診断がさらに前の時点で、つまり受精後、早い時期に遺伝子検査技術を用いてその性質を詳しく調べることができるようになったらどうでしょうか。受精卵が子宮に着床する前の段階で、どの子どもを生むかを親が決めることも可能になってきます。そして、受精よりもさらに前の段階、受精させる精子や卵子をどのようなドナーからもらうかを親が選ぶ、ということも、実はすでに広く行われています。より健康な、さらにはより高い知性や運動能力、容姿などを備えた子どもを望む（選別する）、つまり親が子どもを選んで生むという「デザイナー・ベビー」への歩みが進んでいるのです。

再生医療でからだを「取り換える」

　他方で、壊れたモノを修繕するように人のからだを回復させる「©再生医療」の研究が急速に発展し、大いに期待が高まっています。そこでカギになるのが"万能細胞"です。万能細胞とは、2012 年にノーベル生理学・医学賞を受賞した京都大学の山中伸弥教授がつくり出したことで一躍有名になった iPS 細胞、またそれに先行して研究が進められてきた ES 細胞（胚性幹細胞）のように、「体のさまざまな細胞に分化する能力を備えた細胞」のことで、これからからだ全体に発展していく、いわば"いのちの始まり"の段階の、あるいはそれに等しい可能性をもつ幹細胞です。その万能細胞を用いて、病気や老化で機能が失われたからだの組織を新たに再生する再生医療によって、多くの病気を治せるようになり、より一層の長寿が実現することが期待されています。現時点では、万能細胞を利用して病気のメカニズムを解明し、治療の手立てのない難病の克服を目指せるのではないか、といったことが実現に近い研究として大いに期待されています。

一方で、技術がさらに進めば、機能が低下した細胞や組織、さらにはより大きな臓器でも、新しいものとすっかり取り換えてあげることで、元通りの身体能力をよみがえらせることができるかもしれません。現在の臓器移植医療では、遺伝子が異なる他人の臓器をもらってくるため、常に拒絶反応の問題が伴います。でも、もし自分とまったく同じ遺伝子をもった臓器を得ることが

60 できれば、拒絶反応のまったくない臓器移植が実現できるかもしれません。実際に、他の動物の体内などで、自分のからだに由来する万能細胞から心臓を培養し、弱ってしまった心臓と取り換える、といった研究も進められています。

　このような再生医療の技術がより発展し、また誰もが手軽に受けられるものになったとしたら、この技術は病気の治療を超えて用いられることもあるのではないでしょうか。歳をとって機

65 能・能力が衰えてきたら、その部分「だけ」を取り換える、というように。もし、そのようにしてからだが部品のように交換可能になったら、その次にはどんなことが考えられるでしょうか。

　　＜略＞

　このように、これまで私たちがまったく考えてこなかった、想像もしなかったような医療のあ

70 り方が現代社会には急速に広まりつつあり、その根幹には、日々発展を続けるバイオテクノロジー（生命工学）の存在があります。これまで治せなかった病気が治るようになるのは、確かに喜ばしいことです。しかし、このような医療を無制限に進めていくことは、本当によいことなのでしょうか。そもそも、このようなバイオテクノロジーの利用の仕方は「医療」とよべるものなのでしょうか。

75 　今まさに、私たちはこうした問題に直面しつつあり、それを真正面から考えていく必要が生じてきているのではないかと思います。そこで用いられるようになった言葉・概念が、＜略＞「エンハンスメント」です。エンハンスメントは、「より強い、より有能な、より幸せな」人間を求める科学技術と言えるでしょう。このような医療の発展は、この先どのように、どこまで進んでいくのでしょうか。こうした大きな課題が、20世紀の末ごろから社会全体への問いとして浮上

80 してきたのです。

（島薗進『いのちを"つくって"もいいですか？』NHK出版）

＊縦書きを横書きにするにあたり、漢数字を算用数字にした。

1 「⒜エンハンスメント（enhancement）」はどのような考え方の医療だと筆者は説明していますか。下線部に当てはまる言葉を書いて、まとめてください。

① ＿＿＿＿＿＿＿のためではなく、② ＿＿＿＿＿＿＿＿＿＿＿＿＿＿＿＿＿＿ための医療

2 本文の内容に基づき、「エンハンスメント」の具体的な例として、正しいものすべてに○を書いてください。

a. ホルモンの異常で身長が伸びない子どもにホルモン剤を投与し、平均的な身長に達するようにすること

b. 火傷をしてひどい跡が残ってしまった肌を、病院で皮膚移植手術を受け、傷跡を目立たなくすること

c. 一重まぶたを二重まぶたにすること

d. 優秀なバスケットボールの選手にするために、平均的な身長の子どもにホルモン剤を投与し、身長を伸ばすこと

e. 赤ちゃんに先天的な異常がないかどうかを、母親のおなかの中にいるときに調べること

3 「⒝現代の医療では、エンハンスメントが広まりつつあるのではないでしょうか」とありますが、「エンハンスメント」は今度どうなると筆者は言っていますか。最も適当な答えを a~d の中から1つ選んでください。

a. 人間の欲求に限界がないから、規制しなければさらに広がる

b. 幸福の捉え方が変わり、広がるスピードが弱まる

c. 能力が高く収入が多い一部の人が、独占的に利用するようになる

d. 悪影響が多く、社会的な問題が発生するため、規制されるようになる

4 筆者は、「⒞再生医療」にどのような可能性があると言っていますか。下線部に当てはまる言葉を書いて、まとめてください。

再生医療によって、① ＿＿＿＿＿＿＿＿＿＿＿ようになり、② ＿＿＿＿＿＿＿＿＿

＿＿＿＿＿＿ことと、③ ＿＿＿＿＿＿＿＿＿＿＿＿＿＿＿を目指せるようになるのではないかと期待されている。

しかし、この技術が④ ＿＿＿＿＿＿＿を超えて利用されるかもしれない。

（次のページにつづく）

⑤ 筆者はエンハンスメントや再生医療などの新しい医療について、どのように考えていますか。最も適当な答えを a~d の中から 1 つ選んでください。

a. 慎重に考える必要があるが、人間の新しい可能性を示すものなので今後も研究を続けるべきだ。

b. 病気の治療には新しい技術を積極的に使うべきだが、自然の摂理に反する使い方はしてはいけない。

c. 経済的に恵まれた人しか使うことができないので、今後はすべての人が使えるように考えていかなければならない。

d. これらの医療技術を無条件に使うことは問題があり、使い方を社会全体で考えていく必要がある。

考える 2

子どもを持つときに、より健康で、より高い知能や運動能力、よりよい容姿などを持つ子どもを望む親がいます。あなたはどう考えますか。

1 もしあなたが親なら、「健康」「知能」「運動能力」「容姿」の中で、どれを選びたいですか。その理由は何ですか。

2 遺伝子技術によってコントロールが可能となった場合、法律で認めてもいいと思うものは、「健康」「知能」「運動能力」「容姿」の中で、どれですか。その理由は何ですか。

クローン人間は
どの程度"そっくり"なのか

可愛がっていたイヌやネコが死んだ場合、もう二度と飼わないと思う人と、その数日後に同じ種類のイヌやネコを買ってくるタイプの人がいる。後者の人に朗報といえるのが、飼っていたイヌの細胞から、そっくり同じものをつくれるというクローン技術。すでに海外では実用化にむけて動き出しているようだ。

「クローン」はギリシャ語の「小枝」「挿し木」を語源として、学術的には「同じ遺伝子を共有する個体同士」という意味である。

人間を含めて動物は、有性生殖だ。つまり、オスとメスの双方の遺伝情報を半分ずつ受け継いでいる。顔が父親に似ていても、母親からも遺伝情報を受け継いでいるわけで、一卵性双生児を除けば、同じ遺伝子を持つ人は、他にはいない。同じ両親から生まれる兄弟姉妹でも、まったく同じ遺伝子にはならない。

クローンは、その自然界には存在しないものを、人工的につくろうという技術。すでに植物では完全に実用化されている。家畜でもすでにクローン牛などが存在する。

では、人間はどうなのか。倫理的な問題があって、クローン人間は、まだいないはず。もし可能になったとしても、映画やアニメのように、ある人物と何から何までそっくり同じになるとは限らないらしい。クローン人間の危険性についての例として、独裁者が自分とそっくりのクローン人間をつくる話があるが、たとえば、50歳の独裁者のクローンをつくったとしても、そのクローン人間は0歳の赤ん坊として生まれるので、その子が50歳になるころには、独裁者は100歳。とても影武者にすることは不可能。しかし、後継者にすることは可能だ。その場合、生まれてきたクローンは、同じ性格・人格になるのかというと、これはどうも違うらしい。性格や考え方、運動能力などは、後天的なもの、育つ環境によってほとんどが決まるとされている。したがって、ひとりの人間から大量のクローン人間をつくっても、顔も微妙に異なるし、性格や能力は、まったく違うはずなのだ。

では、指紋はどうなのか。これも、一卵性双生児の指紋が互いに異なることから、遺伝情報が同一の人物でも指紋は異なるはずとされている。

クローン人間が実現したとしても、そっくりさんが大量に生まれるということにはならないようだ。

（話題の達人倶楽部編『誰もがその先を聞きたくなる理系の話大全』青春出版社）

9章

『科学』を考える

1 科学に関するニュースで興味を持った（こと／もの）はありますか。それはどんな（こと／もの）ですか。

2 ある食べ物を子どもに食べさせると、とても体によく、頭も良くなるといわれています。それを他の人に信用してもらうためにはどうすればいいと思いますか。できるだけたくさん方法を考えてみましょう。

3 挙げた方法の中で、説得力があると考えられる方法を上から順番に1番〜3番まで決めてください。

① _____

② _____

③ _____

科学は魔法？

「科学」と聞いてすぐに、藤子・F・不二雄の「ドラえもん」を思い浮かべる人はいるだろうか。1969 年のマンガの連載開始から、今でも多くの人に親しまれている「ドラえもん」だが、その世界はまさに科学の夢が詰まったもので、「科学」といえば「ドラえもん」という人もいるはずだ。このドラえもんの道具は、私たちの夢を何でも叶えてくれるものだが、そのメカニズムがどうなっ

5 ているのかはわからない。例えば、どこでもドアはどうして一瞬で "どこでも" 行けるのか、スモールライトはどうして物や人を小さくできるのか、科学的な説明は不可能である。そういう意味では、<u>Ⓐドラえもんの道具は、科学というよりは魔法と言ったほうがいいのかもしれない。</u>

　一方、現実世界はどうだろう。21 世紀の今、科学は発達し、それに基づいたさまざまな技術を私たちは利用して生活している。飛行機にしても、冷蔵庫にしても、電子レンジにしても、ス

10 マートフォンにしても、科学に支えられているのは言うまでもない。これらの道具はドラえもんの道具と違い、現実の科学を利用して生み出されたもので、専門家であれば事細かにそのメカニズムを解説できる。しかし、私たち一般の人の中で、今利用しているさまざまな道具のメカニズムを科学的に解説できる人はいるだろうか。ほとんどの人にとって、それは非常に難しいことだ。そういう意味で、現在の科学もまたドラえもんの道具と同様、"魔法" なのである。

15 　このような科学に基づく道具に囲まれて生活する私たちは、ノーベル物理学賞や化学賞の受賞者が出たというニュースに興味は持っても、科学の発見や議論そのものにあまり興味を持てなくなっているのではないだろうか。そして、科学的に物事を捉え、考える習慣が不足しているのかもしれない。なぜなら、科学はもはや魔法で、論理を超えたものになっているからだ。専門家ではない私たちにとっては、望んだ結果（例：短時間で移動できる、インターネットで買い物がで

20 きる）がそこにあればいいのである。難しい科学の論理やメカニズムは、<u>Ⓑ"魔法使い"</u> に任せておけばいいと考える人も多いだろう。

　しかし、科学の成果を享受するだけで、科学について知り科学的に思考することを軽視していて、本当によいのだろうか。この「科学について知り、科学的に思考する」ということは「科学的リテラシー」と言い換えることができる。『PISA※1 2015 年調査　評価の枠組み』では、「科学

25 的リテラシー」について、以下のように書いている。

　　科学的リテラシーとは、思慮深い市民として、科学的な考えを持ち、科学に関連する諸問題に関与する能力である。科学的リテラシーを身に付けた人は、科学やテクノロジーに関する筋の通った議論に自ら進んで携わり、それには以下の能力（コンピテ

30 ンシー）を必要とする。

○現象を科学的に説明する

○科学的探究を評価して計画する

○データと証拠を科学的に解釈する

(『PISA2015年調査　評価の枠組み』)

結論から言うと、この科学的リテラシーはやはり重要なことで、軽視していいものではない。なぜなら、科学的リテラシーがないことで、生命や財産などが脅かされることがあるからだ。例えば、世の中には効果が証明されていない"健康食品"や、証明されていないどころか体の害になるものもある。また、まったく治療効果がない"代替医療"と呼ばれるものもある。こうしたものは、科学的に効果があると装うことが多い。このような科学を偽装したものを示す言葉はさまざまあるが、この文章では左巻（2015）に倣い「ニセ科学」と呼ぶことにする。このニセ科学に、生命、財産を脅かされないようにするためには、科学的リテラシーを持つことが重要なのだ。

そこで、次に、©ニセ科学にだまされないための科学的な考え方として、菊池（2011）が示したものの一部を紹介したい。

菊池（2011）は、データから誤った因果関係を読み取ったり、意図的に読み誤らせたりすることがニセ科学ではよく見られると書いている。図1を見てみよう。Xの値が増えるにつれて女性の平均寿命が延びているということがはっきり表れている。Xは何かというと、100世帯あたりのテレビの保有台数なのだが、すぐにわかった人はいるだろうか。さて、ではテレビの保有台数と女性の平均寿命が同じように増えていることは何を意味するのか。このグラフから読み取れることは、同時期に同じように数値が伸びたという相関関係である。「テレビを見ると長生きできる」という因果関係はこのグラフからはわ

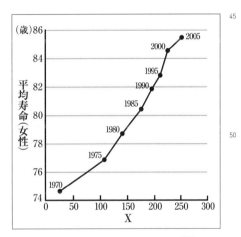

図1　平均寿命とXの関係[※2]

からない。そして、少し考えればどちらも社会が豊かになっていることを示す数字とは考えられても、因果関係ではないことはわかるだろう。しかし、ニセ科学では往々にしてこのような相関関係を因果関係と主張しているのだそうだ。このように2つのデータの関係を考える場合は、示されているもの以外に変化したものは何か、しっかり考える必要があると菊池（2011）は述べている。「テレビ」と「長生き」の場合は、GDPなどの経済的な指標や、医療水準などがそれに当たるだろう。

また、一定の確率で起きる事柄に関して因果関係を推定する方法として、疫学[※2]的な考え方があると菊池（2011）は紹介している。何かの効果について考える際に、疫学では最低限、図2に見られるような4つの場合について数を確認しなければならないそうだ。「祈った」ことで

病気の治療に効果があったことを証明したいのであれば、「祈った」場合と、「祈らなかった」場合、それぞれ効果の有無を調べなければならないということだ。なぜこのようなことをしなければならないかというと、祈っても、祈らなくても、病気が治る確率は同じかもしれないからだ。図2のAの「祈ったことで病気が治った」という体験談が多く集まったとしても、BCDの部分も数えなければ、効果を証明することにはまったくならないのだという。言われてみるともっともな話なのだが、「効果があった」という体験談を聞いてしまうと、私たちはどうしてもそれに引っ張られてしまう。そこに、ニセ科学は付け込むのであろう。

	効果あり	効果なし
祈った	A	B
祈らない	C	D

図2　疫学の考え方

　これら2つの例からは、ニセ科学から自分の生命・財産を守るためには、データを適切に理解する科学的リテラシーが必要であることがわかる。

　こうして科学的リテラシーの話を聞いていると、どうしても面倒だと感じてしまうことだろう。しかし、科学を魔法のように捉えるばかりで、科学的リテラシーを軽視していると、自分の生命や財産が危険にさらされるということは理解しておくべきだ。もちろん、これはすべての人が、世界で起きているあらゆる現象を科学的に理解したり、飛行機やスマートフォンの原理を明解に説明したりできるようになるべきだという意味ではない。『PISA2015年調査　評価の枠組み』においても、「実生活の状況という文脈において科学的知識を適用するという位置づけで評価される」と書かれている。つまり、科学的な知識や考え方を用いてよりよく生きるための力、と解釈できるだろう。この科学的リテラシーは、個人がよりよく生きるだけではなく、社会の持つ貴重な資源（お金、人材、モノ、時間など）を浪費しないためにも重要なことだ。科学について知り、科学的に考えることで、個人も社会もよりよい方向へ向かっていけるのである。

　科学が魔法のように見えるからといって、科学について知ったり科学的に考えたりすることを放棄してはいけない。そうしたことを、ニセ科学に関する議論は教えてくれる。

※1　PISA：Programme for International Student Assessment の略。国際的な学習到達度調査。OECD（経済協力開発機構）加盟国を中心に、15歳を対象に実施される。

※2　厚生労働省「完全生命表」内閣府「消費者動向調査」から作成。

※3　疫学：伝染病の流行に関する学問。

[参考]
経済協力開発機構（OECD）編著・国立教育政策研究所監訳（2016）『PISA2015年調査　評価の枠組み』明石出版
左巻健男（2015）『ニセ科学を見抜くセンス』新日本出版社
菊池誠・松永和紀・伊勢田哲治・平川秀幸・飯田泰之＋SYNODOS編（2011）『もうダマされないための「科学」講義』光文社

① 「⒜ドラえもんの道具は、科学というよりは魔法と言ったほうがいいのかもしれない」とありますが、ここではどのような意味ですか。最も適当な答えを a～d の中から１つ選んでください。

a. 魔法と同様に、夢でしかありえないものだという意味
b. 魔法と同様に、仕組みがわからないものだという意味
c. 魔法と同様に、科学者から否定されているものだという意味
d. 魔法と同様に、人々をだましてしまうものだという意味

② 本文の内容から、ドラえもんの道具と、現実世界の道具の共通点をまとめてください。

③ ここで、「⒝"魔法使い"」とは誰のことですか。

④ 「⒞ニセ科学にだまされないための科学的な考え方」を２つ紹介しています。下線部に当てはまる言葉を書いて、それらについてまとめてください。

　１つ目は、①＿＿＿＿＿＿＿と②＿＿＿＿＿＿＿をしっかり区別することだ。ニセ科学では、例えばデータからは実際には③＿＿＿＿＿＿＿しかわからない場合でも、それを④＿＿＿＿＿＿＿と主張しているという。２つのデータの関係性について考える場合は、⑤＿＿＿＿＿＿＿以外に⑥＿＿＿＿＿＿＿要素がないかよく考えなければならない。

　もう１つは⑦＿＿＿＿＿的な考え方である。これによって、一定の確率で起きる事柄に関して⑧＿＿＿＿＿＿＿を推定することができる。何かをしたことの⑨＿＿＿＿＿を証明するためには、⑩＿＿＿＿＿＿＿＿＿＿事例だけを数えても意味がない。例えば、祈ったことが病気の治療に効果があったことを証明するためには、⑪＿＿＿＿＿＿＿＿＿の結果と、⑫＿＿＿＿＿＿＿＿＿＿の結果、それぞれ効果の「あり」／「なし」なので合計４つのパターンの数を確認しなければならない。

　これら２つからは、⑬＿＿＿＿＿＿＿＿＿＿＿＿＿＿＿＿＿＿＿＿＿＿＿＿＿＿が大切であることがわかる。

（次のページにつづく）

⑤ 「科学的リテラシー」について筆者が述べていることについて、当てはまるものすべてに〇を書いてください。

    a. 科学的リテラシーがある人は、科学についてあらゆる知識を持っている。

    b. 「ドラえもん」を楽しむためには、科学的リテラシーが必要だ。

    c. 情報から因果関係を正確に読み解く力は、科学的リテラシーの一部である。

    d. 科学はもはや魔法だから、一般の人が理解できなくてもしかたがない。

    e. 自分の命や健康を見せかけの科学から守るためには、科学的リテラシーが必要だ。

    f. 科学的なことについて、自ら学び考えることが必要だ。

「地球の温暖化」について、考えてみましょう。

　Aさんは、地球の平均気温と二酸化炭素の排出量との間に、どのような関係があるのか興味を持ち、次のような2つのグラフを見つけました。

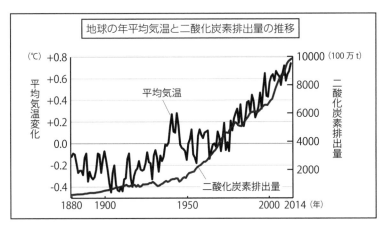

Boden, T.A., G. Marland, and R.J. Andres. 2017. Global, Regional, and National Fossil-Fuel CO2 Emissions. Carbon Dioxide Information Analysis Center, Oak Ridge National Laboratory, U.S. Department of Energy, Oak Ridge, Tenn., U.S.A. doi 10.3334/CDIAC/00001_V2017
NOAA National Centers for Environmental information, Climate at a Glance: Global Time Series, published March 2020, retrieved on March 30, 2020 from https://www.ncdc.noaa.gov/cag/
※平均気温は、20世紀全体の平均気温と年ごとの平均気温の差を示したもの

1 Aさんは、このグラフから、地球の平均気温が上昇した原因は二酸化炭素排出量が増加したからだと考えました。Aさんは、グラフのどのようなことを根拠にしていると考えられますか。

2 Bさんは、Aさんの考えに反対し、2つのデータを比べてグラフの一部にAさんの考えに反する部分があると言っています。その部分を示し、説明してください。

3 Aさんは、地球の平均気温が上昇したのは二酸化炭素排出量が増加したためだと考えています。しかし、Bさんは、Aさんの言うような結論を出すのはまだ早すぎると考えています。Bさんは、「この結論を受け入れる前に、地球の平均気温が上がる可能性のある他の要因が一定であることを確かめなければならない」と言っています。
地球の平均気温が上がる要因には、どのようなことが考えられますか。できるだけたくさん考えられる要因を挙げてみましょう。資料などを調べてもかまいません。

4 1〜3の議論を踏まえ、二酸化炭素を排出する「資源の利用」について今後どうしていけばいいと考えますか。クラスの仲間と話し合ってみましょう。

121

科学と社会の関係が変わるとき

　ホブズボームが「黄金の時代※」と呼んだ時期が終わりを迎える頃、科学技術と社会の関係は大きく変容していた。科学技術が社会に持ち込まれた場合に、恩恵だけが生み出されるとは限らないことは、核兵器の開発や公害問題などでかなり明らかになってきていた。しかしこの場合でも、核兵器の基礎となる物理理論つまり科学は中立であり、その社会的、政治的な利用の仕方に

5 よって、問題は生まれるのだと考えられていた。いわゆる[Ⓐ]科学の「善用と悪用論」である。したがって、当時、核兵器は原子力の軍事利用（＝悪用）であり、原子力発電は原子力の平和利用（＝善用）という風に考えられていた。＜略＞

　この科学の「善用と悪用論」は、自然に関する知識生産としての科学とその知識を応用する営みを区別することができる、という発想に立っていた。このような考え方を示した古典的な見解

10 が、第二次世界大戦後にアメリカ大統領ローズベルトに提出されたヴァネバー・ブッシュのレポート、『科学――この終わりなきフロンティア』(1945年)であろう。彼は、研究だけに専念するリサーチとしての科学（基礎科学）と製品開発に応用される科学（応用科学）を明確に区別することを主張した。これが、R&D（Research & Development）と呼ばれるものである。大学は基礎研究に専念するためのものであり公的資金が投入されるべきだが、応用科学に携わる企業には政府資

15 金は投入すべきではないという当時のアメリカの科学技術政策はこの考え方を反映している。

　この知識の生産とその社会における利用の峻別という発想によれば、真の知的関心と好奇心のみによって遂行される科学は、その社会的、政治的利用の場面と切り離されるべきであるという考え方になる。つまり、科学者は社会や政治と切り離され、自らが生み出した客観的で中立的な知識を、知識として意思決定の世界、つまり政治に差し出すというわけである。権力に対して真

20 理を申し述べる、というのが科学者の役割ということになる。これはある意味で「事実」と「価値」の二元論に立脚した発想であった。

しかし技術革新が進行し、その成果たる新製品が次々と社会に投入され、社会の豊かさを実現しつつあった「黄金の時代」の世界においては、このような発想が非現実的になっていた。アメリカの核物理学者でオークリッジ研究所所長のアルヴィン・ワインバーク（Alvin Weinberg）は、科学技術と社会に新たな関係が生まれていることを指摘し、それを「トランス・サイエンスの出現と拡大」と表現してみせた。＜略＞

　この論文が出版されたのは、私が時代の転換期と考えている時期の1972年のことである。ブッシュ的発想の場合には、図1のように純粋な科学の領域と純粋な政治の領域が区別できることが前提となっている。ワインバーグが指摘したのは、この区別が現実には維持しがたくなり、両者の交錯する領域が大きくなってきていることであった。彼は科学と政治の交錯する領域を「トランス・サイエンス」と呼び、それを「科学によって問うことはできるが、科学によって答えることのできない問題群からなる領域」と定式化している。

　彼の挙げる例を一つ紹介しよう。「運転中の原子力発電所の安全装置がすべて、同時に故障した場合、深刻な事故が生じる」ということに関しては、専門家の間に意見の不一致はない。これは科学的に解答可能な問題なのである。科学が問い、科学が答えることができる。他方、「すべての安全装置が同時に故障することがあるかどうか」という問いは「トランス・サイエンス」の問いなのである。もちろん、専門家はこのような事態が生じる確率が非常に低いという点では合意するであろう。しかし、このような故障がありうるかどうか、またそれに事前に対応しておく必要があるかどうか、といった点になると、専門家の間では意見は一致しない。科学的な意味での確率、つまりある事柄の発生の蓋然性に関する数値的見積もりについては専門家の間である程度一致するが、その確率を安全と見るか危険と見るかというリスク評価の場面では、判断が入るため、科学的問いの領域を越え始める（トランス）のである。

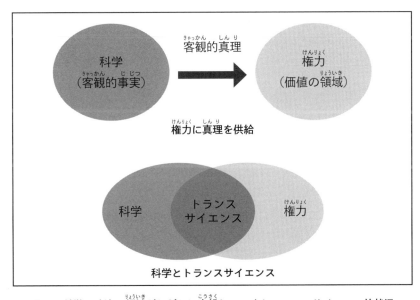

図1　科学と政治の領域がしだいに交錯していくトランス・サイエンス的状況

故障や事故の起こる可能性がきわめて低い確率であるとしたとき、それを無視できる確率とみなすのか、それとも万が一それが起こった場合の災厄の大きさを考えると無視できないと考えるのか、これは科学が答えを出すことはできない。もちろん科学技術者は「工学的判断」の問題であると答え、十分な余裕を持って設計もしているのだから、無視できると判断するのが普通であ
70　ろう。原子力発電所をめぐる裁判で争点になるのは、実はこの種の問題であることが多い。

　しかしこの「工学的判断」というのが厄介なのである。およそ明確に定義できるような性質を持っていない。ある標準的な工学教育を受けることを通じて習得する専門家としての相場感覚のようなものなのである。工学的判断の習得の重要性は、工学教育について語られる場合に強調されることが多いが、その中身は説明されていないのが普通である。むしろその教育の結果として
75　身につくものとみなされている。このような専門家としての相場感覚は、工学に限らず、広く他の分野でも見られるものであろう。おそらくこの「工学的判断」を完全に言語化するのはきわめて難しいと思われる。

　私はこのような「曖昧な」ものがあるからけしからんと言っているのではない。このような判断は重要だと思う。ただ、これを持ち出される場合、「だから専門家に任せなさい」というメッセー
80　ジが伴ってしまうことに問題があるのではないかと思うのである。「餅は餅屋」という場面は確かにある。しかし、社会的に大きな影響をもたらす科学技術の場合に、それだけでいいのかということなのである。

（小林傳司『トランス・サイエンスの時代──科学技術と社会をつなぐ』NTT 出版）

＊縦書きを横書きにするにあたり、漢数字を算用数字にした。

※　黄金の時代：1945 年〜 1973 年を指す。社会の豊かさを実現しつつあった時代。レジュメ作成のタスク（p.146）
　　に「黄金の時代」について調べる課題があります。

① 下線部に当てはまる言葉を書いて、「Ⓐ科学の『善用と悪用論』」について筆者が言っていることをまとめてください。

科学の善用と悪用論は、①_____と②_____

_____が区別できるという考え方に根差す。つまり、③_____そのものは中立であるが、

④_____に善と悪があるということ。

②-1 「黄金の時代」以前は、「科学」と「社会」の関係性がどのように考えられていたと筆者は言っていますか。最も適当な答えを a~d の中から 1 つ選んでください。

a. 中立の科学的真理を探究するためには、社会全体で科学の理解を深めなければいけない。
b. 社会で科学が悪用されないように、科学者を監視する体制を整えるべきだ。
c. 社会での利用についての問題とは別に、科学は探究されるものだ。
d. 知識を生み出した科学者が応用について考えると、社会によい影響がある。

②-2 「科学」と「社会」の関係は、いつ、どのような背景から、どのように変化しましたか。

①_____の時代、②_____

_____という背景から、③_____

_____なっていった。

③-1 「トランス・サイエンス」の定義を、本文を参考にして書いてください。

③-2 どのような場面で「トランス・サイエンス」の問いが生じると筆者は述べていますか。下線部に当てはまる言葉を書いてそれらについてまとめてください。

①_____のように、事故の発生の割合は統一見解が得られても、

その②_____が一致しない場合。

④ 筆者の主張と合うものはどれですか。最も適当な答えを a~d の中から 1 つ選んでください。

a. 社会的な科学的問題が生じた場合に、相場感覚で判断をする専門家に任せるべきではない。
b. 工学的判断を身につけるためにも、工学教育の重要性が増している。
c. リスクについての工学的判断基準の定義が曖昧なので、検討が必要である。
d. 社会的な科学的問題が生じた場合に、その専門家のみに判断を任せるべきではない。

考える
2

遣伝子組換え食品の安全性について、考えてみましょう。

1 買い物をするとき、遣伝子組換え食品かどうか、表示を見ますか。

2 遣伝子組換え食品を買ったことがありますか。

3 以下は、遺伝子組換え食品の安全性について厚生労働省から発行されたパンフレットの一部です。

> さまざまなデータに基づき、組み込んだ遺伝子によって作られるタンパク質の安全性や組み込んだ遺伝子が間接的に作用し、有害物質などを作る可能性がないことが確認されていますので、食べ続けても問題はありません。
>
> （厚生労働省医薬食品局食品安全部「遺伝子組換え食品の安全性について」より
> http://www.mhlw.go.jp/topics/idenshi/dl/h22-00.pdf）

あなたは、遺伝子組換え作物・食品についてどう思いますか。メリットやデメリット、リスクについて調べ、クラスの仲間と話し合ってみましょう。

［メリット］

［デメリットやリスク］

ＳＦと科学

　ＳＦと現実の科学は、相互に影響を与え合い発展してきた。フィクションはまったくの無から生まれるわけではなく、その発想の根源（こんげん）は現実世界にある。そして、ＳＦに現れた科学や技術は現実の社会に影響を与え、科学や技術が発展する。古くは、ジュール・ベルヌ（1828-1905）が「海底二万マイル（かいてい）」で描いた潜水艦（せんすいかん）がその後実現しているというのは有名な話だ。以降もさまざまなＳＦ由来（ゆらい）のものが実現してきた。特に、コンピューター技術の発達は相互の影響を強く感じさせる。ＡＩの急速な発達で昔の映画で見たようなコンピューターと人間の会話も徐々に可能になってきている。近年（きんねん）の科学と技術の発展は目覚（めざ）ましく、この頃では「科学はＳＦを超えた」などと言われることもある。

　さて、日本でも様々なＳＦ作品が生まれているが、その金字塔（きんじとう）の一つと言えるのが「ドラえもん」である。では、そのドラえもんの「秘密道具」は、どのくらい実現しているのか、また、今後どのくらい実現する可能性があるのか。次のページの表は、「欲しい『ドラえもん』の秘密道具ランキング」だ。おなじみの道具が並んでいるが、実現している、または、実現しそうなものはあるだろうか。正直、少し難しいと感じるものが多い。

　というのも、「欲しいもの」である以上、今はないものだったり、「便利すぎる」ものだったりするからだ。ドラえもんの道具は１つの「夢」ではあるが、果たして実現する日は来るのだろうか。

　ＳＦと現実の科学は互いに影響を与え合ってきた。しかし、ＳＦの設定（せってい）があまりにそのまま実現してしまうことには寂しさと怖さも感じる。ＳＦはフィクションであるからこそ楽しめる側面（そくめん）もあり、また、実現したら問題がありそうなものも多いからだ。ＳＦが実現してほしい気持ちと、フィクションのままでいてほしい気持ち、現代人にとってはどちらも本音（ほんね）ではないだろうか。

考えるヒント

「欲しい『ドラえもん』のひみつ道具ランキング」

Q 人気アニメ「ドラえもん」のひみつ道具で欲しいものは？
※複数回答可
※四次元ポケット（スペアポケット）は除く

順位	道具	説明
1	どこでもドア（73%）	ドアを開けると、どこでも好きな所へ行くことができる。
2	タイムマシン（45%）	未来や過去へ行くことができる。
3	タケコプター（33%）	小さなプロペラをつけて自由に空を飛ぶことができる。
4	ほんやくコンニャク（20%）	これを食べると、どんな言語でも理解し、話すことができるようになる。
5	暗記パン（15%）	覚えたいことを書いて食べると、覚えることができる。食べたものを体の外に出すと忘れる。
6	スモールライト（14%）	このライトの光をあてると、なんでも小さくすることができる。
7	タイムふろしき（12%）	ふろしき（布）に包んだものの時間を進めたり戻したりすることができる。
8	もしもボックス（11%）	中の電話で「もしも〜だったら」と言うと、その「もしも」の世界を体験することができる。
9	通り抜けフープ（10%）	どんな壁でも通り抜けることができる。
10	とりよせバッグ（7%）	遠くにあるものを、このバッグの中から取り寄せることができる。

※ ランキング出典：『何でも調査団』@nifty ニュース
※ アンケート実施日時 2016 年 10 月 21 日〜 2016 年 10 月 27 日
　（有効回答数 2825）
※「説明」は本書筆者による。

10章

研究って何？

Q 大学院の面接で、それぞれの学生が「志望目的(しぼう)」を聞かれました。以下は、そのときの答えです。

チョウさん

○○に留学したとき、日本のメーカーの車がとても人気がありました。他の国の車はあまりありませんでした。どうして○○で日本のメーカーの車がたくさん売れているのか不思議でした。大学院に入って、その答えを探りたいです。

国の先輩たちは、日本に留学して国に帰ったらいい会社に就職しています。日本で修士号(しゅうしごう)をとったらいい会社に入れると思います。だから、日本の大学院に入りたいです。

インさん

グエンさん

私は大学で4年間日本語を勉強しました。将来は、国の大学で日本語と日本文化を教えたいです。そのために日本の大学院(しゅうしごう)で修士号をとりたいです。日本文化も体験したいです。

子どものころから、日本のアニメや漫画が大好きです。それで将来日本で就職したいと思っています。日本の大学院で勉強したら、日本の会社に就職しやすいと思います。それで、大学院に進学したいです。

ケリーさん

キムさん

日本は経済も技術も発達していますし、有名な研究者も多いです。日本の大学院で経済学を学んで国の発展に貢献したいです。そのために大学院に入りたいです。

1 もし、あなたが佐藤教授(さとう)ならどの学生を合格させたいですか。その理由は何ですか。

佐藤教授(さとう)

2 他の学生の問題点は何ですか。その理由は何ですか。

（参考：北原保雄監修・日本学生支援機構東京日本語教育センター著（2019）
『実践　研究計画作成法［第2版］──情報収集からプレゼンテーションまで』）

研究とは──研究は勉強とまったく違う

研究は勉強とまったく違う──答えのない問題に挑(いど)むには

　研究をしようと志(こころざ)す若い人たちにとって、多くの場合、実際に研究をする最初の場所が大学院でしょう。ところが、「大学院で何をやるのか」を正しくイメージできる大学生は案外少ないようです。

5　「高校や大学まで、基本的には教科書や参考書を勉強し、章末(しょうまつ)についている練習問題を解いて、学習した知識や考え方をマスターするという『勉強』を続けてきた。大学院でやることも、その延長線上だろう。大学院でやることは、たとえば洋書(ようしょ)の難しい専門書をたくさん読んで知識を吸収し、練習問題をたくさん解いて、まさに『博識(はくしき)』と言われるようになることだ」と、このように漠然(ばくぜん)と想像している大学生が少なくありません。

10　まったく違います。大学院は「勉強」するところではなく、「研究」するところです。それは組織の名前を見ればわかります。私が所属している組織は、大学生向けには、

　「理学部物理学科(りがくぶ)」

　ですが、大学院生向けには、

　「大学院理学系研究科物理学専攻(りがくけい)」

15　といいます。大学の「学部・学科」は勉強するところですが、大学院の「研究科・専攻」は、文字通り、特定の専門分野で研究するところです。

　それでは、「勉強」と「研究」は何が違うのでしょうか。

勉強とは、答えのわかっている問題や課題を考えることです。先人たちがすでに考えた課題や解いた問題をもう一度自分でやってみて、知識体系である学問を学ぶことです。これに対して、研究とは、答えのわかっていない課題を考えることだと言えます。ときには、答えがあるのかどうかさえわかっていない課題、あるいは、考える意味があるのかどうかさえわからない課題を考えます。研究してみなければ、答えがあるのか、あるいは意味があるのかどうかわからないからです。

　さらに、「意味があるかどうか」は、それぞれの研究者の価値観によって意見が分かれる場合も多いものです。ですので、「研究」では、同じ研究テーマであっても求める答えやそれへのアプローチの仕方が十人十色で違います。これこそが、あとで述べるように、研究の魅力のもとになっているのです。しかし、Ⓐ**この事実はあまり大学生や一般の人々に認識されていないのが実情**でしょう。

　答えの決まっている課題や問題を考える「勉強」では、自分の個性や独自の考え方を発揮することはできませんが、「研究」では、研究者自身の個性や価値観が色濃く反映され、大げさに言えば「自己表現」につながります。

まだ見ぬ謎が解かれるのを待っている——研究はネバーエンディング

　もっと言えば、分野によっては、研究すべき「謎や課題を発見する」ために研究するとも言えます。アインシュタインが残した謎を解くとか、長寿命のバッテリーを開発するとか、明確な課題や目標に向かって研究している研究者も多いのですが、これに対して、私が専門とする物性物理学の研究などでは、自分の好奇心に突き動かされて、何か不思議なことはないかと謎を求めて研究する場合も多いのです。解くのに値する謎や課題を見つけては、その答えを求める研究をやるのですが、価値ある謎や課題を見つけること自体が研究の大きな部分を占めます。

　さらに、一つの課題の答えが解明されると、次にさらに深い疑問や高い目標に対する研究につながるのが常です。寺田寅彦の言葉「科学は不思議を殺すものでなくて、不思議を生み出すものである」とは、まさにそのことを言っています。しかし、その深い課題や高い目標は、その一歩手前の課題が解決されないと見えてこないものです（少なくても凡人には）。ですので、研究は次々と連鎖され、ある種のネバーエンディングストーリーになる場合が多いのです。そのⒷ**研究の連鎖**の結果、学問の根底を揺るがす大発見や、我々の考え方を一新するパラダイムシフトにつながれば成功した研究者と言われるのですが、ときには、いわゆる「重箱の隅をつっつく」ような研究になってしまう場合もあるのは事実です。

　研究した結果、答えがあって意味のある成果が出た場合、それが学問体系の中に組み込まれて蓄積されていきます。その知識体系を大学生が「勉強」するわけです。ですので、研究とは、その知識体系の「最前線の先」を探っていく営みなのです。

　もちろん、大学院の学生も、研究に必要な知識やスキルを身につけるために「勉強」します。しかし、勉強はあくまでも手段であって目的ではありません。

大学院に入りたての学生と議論していると、しばしば、

「先生、そんなことを研究して意味があるんですか？　成果が出るんですか？」

ときいてくる学生がいますが、まさにそれを知りたくて研究するのです。ときには、「先生はどんな結果が出るのかわからないことを僕に研究しろと言うけど、©**そんなリスキーな研究はやりたくありません**」**と反発してくる学生**もいます。「勉強と研究の違い」がわかっていない証拠です。結果がわかっている研究など研究ではありません。単なる作業です。でも、だからといってそんな学生を非難することはできません。彼・彼女の今までの人生の中で「勉強と研究の違い」を学ぶ機会などなかったのですから。大学院で初めて学ぶことです。

たぶん、このようなことは、会社で、たとえば今までにない新製品や新サービスを開発するという場面でも同じだと思います。今まで市場に出回ったことのない製品ですので、できてみなければ売れるかどうかわかりません。もちろん、作る前にある程度の市場調査はするでしょうが、それが必ずしも当たるとは限りません。歩きながら音楽を聴けるプレーヤー WALKMAN がソニーから発売されたときには、たぶん「なんで歩きながら音楽を聴く必要があるんだ？」と疑問に思った人も多かったのでしょうが、今やそれが iPod やスマートフォンで当たり前になっています。製品が世の中に出てみないと、意味があるかどうかわからないものです。

研究も同じで、教授がある程度のアタリをつけて、この方向に研究を進めれば意味のある成果が出そうだと期待して研究を進めますが、必ずしもその通りになるとは限りませんし、むしろ、予想しなかった別の成果につながることが多いものです。

（長谷川修司『研究者としてやっていくには――組織の力を研究に活かす』講談社）

① 勉強と研究の違いの特徴についてまとめなさい。

勉強	研究

② 「Ⓐこの事実はあまり大学生や一般の人々に認識されていないのが実情でしょう」とありますが、どのような事実が認識されていませんか。最も適当な答えをa〜dの中から1つ選んでください。

a. 大学院は、高校や大学で得た知識をさらに深化させる場だという事実
b. 研究は、先人たちによって考えられた知識体系について学んでいくことだという事実
c. 大学院は、研究しようとするテーマに意味があるかどうかを確認する場だという事実
d. 研究は、求められる答えやそれへのアプローチがさまざまであるという事実

③ 「Ⓑ研究の連鎖」とありますが、筆者の考える連鎖とはどのようなものですか。40字以内でまとめなさい。

（次のページにつづく）

④ 「©『そんなリスキーな研究はやりたくありません』と反発してくる学生」について、筆者はどのように考えていますか。

⑤ ソニーの WALKMAN の例と、筆者が考える研究の共通点はどのようなものですか。最も適当な答えを a ～ d の中から 1 つ選んでください。

a. 製品化や研究をする前に、なぜ、それをしなければならないのかと疑問に思う点

b. 実際に製品化や研究をしてみないと、意味があるかどうか分からない点

c. 製品化や研究をする前に、成功するという確信のもとで行う点

d. 製品化や研究をする前に、十分なリサーチをすることで、売れる製品や研究成果が見込める点

大学進学を希望する人は志望理由書、大学院進学を希望する人は研究について、考えてみましょう。

1 大学・志望理由書を作成しましょう。

① 日本に留学しようと思ったきっかけを教えてください。

② ＿＿＿＿＿＿＿＿学部＿＿＿＿＿＿＿＿学科を志望する理由は何ですか。

③ どうしてその大学で勉強したいと思いましたか。

④ 大学でどんなことを勉強したいですか。

⑤ 大学に入ったら勉強以外に何がしたいですか。

⑥ 大学を卒業した後は何がしたいですか。

⑦ 勉強以外で、これまで継続して取り組んできたことは何ですか。

2 大学院の研究について書いてみましょう。

① あなたは、大学院でどんな研究をしたいと考えていますか。その理由は何ですか。

② あなたの研究に関連する文献（論文、書籍など）を5本集めてみましょう。

フィールドワーク研究の意義

地域を調査する

　地域を対象にした研究は、文系・理系を問わずいろいろある。したがって、さまざまな分野で、独自の手法によって地域調査が行われてきた。例えば、アンケート調査や工場見学といったものもあれば、聞き取り調査や参与観察を行うような手法もある。最近では、こうした活動をまとめて「フィールドワーク」と呼ぶことが多い。では、<u>Ⓐ「フィールドワーク」には、どのような利点があるだろうか。</u>

　たとえば、筆者の専門分野である地域経済学では、研究対象である地域に実際に行くことで、現場にしかない資料や、現場の人しか知らない情報を得ることができる。行った先で、びっくりするような資料が出てくることも稀ではない。だが、それよりも重要なことは、現地には研究を進めるうえでのヒントがたくさんある、ということである。地域のことは、書物や統計でだいたいのことは分かる。しかし、統計上はほとんど同じような地域でも、現場に行けば全く違う姿を見せる。書物や統計で地域を知ることには、限界があるのだ。

　また、フィールドには、いろんな出会いがある。そこに行ってみたいと思うのは、自分自身が心の中で、その現場に何かを求めているからだ。だからこそ、現場で強い印象を受けるような言葉、風景、人物などに出会えば、それは一生の宝物といえる経験になっていく。それは、研究者自身を成長させるだけでなく、研究の原点をつくることでもある。このように、フィールドには、無限の可能性があるのだ。

地域と連携する

　フィールドが持つ魅力は、もう一つある。それは、地域は「生き物」であり、常に動きがあるということである。人々が暮らしを営む地域は日々活動のただなかにある。したがって、研究者がそこにかかわるということは、地域がどのように動いているのかということを実感し、経験として理解することにつながる。だからこそ、地域内に研究拠点があれば、実践にかかわった調査　35
活動が長期にわたって可能になり、研究者にとっては、研究を発展させるチャンスになる。

　一方、地域に目を向けてみると、全国各地で空洞化や過疎といった課題を抱えている。そして、その対策として、多様な支援事業が実施されたり、NPOなどの民間団体が活動をしている。たとえば、商店街の空き店舗対策事業やコミュニティ再生事業などである。これら事業は、協力してくれる専門家やボランティアなどを求めていることが多い。　40

　こうした流れを背景に、近年では、大学のゼミ単位で、空き店舗や空き家を借りてコミュニティカフェを開いてみたり、販売活動にかかわってみたりするなどの実践活動が全国各地で見られるようになった。研究者は、地域にサテライト研究室を作り、まちづくりやNPOの活動に参加しながら、実践的に教育や研究をすすめていくことが可能となっていったのである。

　以上のように、これまでは、研究者や研究室が、個別に地域とかかわってきたといえる。しか　45
し、昨今大きな動きとなっている「大学と地域の連携」となると、かかわり方も規模も大きく異なっていく。

大学が教育・研究目的で地域に入っていくこと

　では、「⑧大学が教育・研究目的で地域と連携する」とは、どのような形があるだろうか。　50

　一般的に考えられるのは、大学が地元の自治体や企業と協定を結ぶことであろう。これにより、共同研究や寄附講座など、様々な形で連携がすすめられる。こうした連携は、大学側から見れば、ハードとソフト両面での研究環境の整備や、外部資金の獲得というメリットがあり、企業の側からみれば、大学が生み出した研究成果へのアクセスのほか、CSR（Corporate Social Responsibility、企業の社会的責任）として位置づけられることもある。つまり、連携することで、　55
大学・自治体・企業のいずれもが、メリットのある関係を構築できるのである。

　だが、近年、目立ち始めたのは、こうした連携ではなく、地域づくりの実践の現場などに入り込んでいくような連携である。例えば、高知大学「地域協働学部」は、地域をフィールドにする実習を正課に組み込んでいる。すなわち、学生が地域に直接かかわり、当事者的な存在として学んでいくのである。そして、実践活動で積み上げた経験と現場に根ざした研究活動によって、地　60
域づくりのプロパーを育成していくというものだ。まさに、地域と「協働」する学部である。

　⑥このような「地域」を掲げる学部が誕生してきた背景には、文部科学省による大学改革の影響があることはもちろんだが、実は、地域と大学の側にもそれぞれ理由がある。現在、地方は、人口減少や過疎化、高齢化、財政難で疲弊しており、外部の手だすけを必要とするようになっている。一方、大学側でも、これまでのような学生教育と研究スタイルの限界を感じるようになっ　65

ている。たとえば、教育では、サービスラーニングやインターンシップ、ワークショップ、グループワークなど、さまざまな学びのスタイルを取り入れなければ、学生のやる気と成長を引き出せなくなっている。そして、研究者の側では、研究費の削減などから、外部組織と連携せざるを得ない状況に追い込まれている。また、地域貢献も求められ、「何か」を学外で行なわなければならない。だが、多くの研究者は、自らの調査研究が前に進んでも、肝心の地域が疲弊して行く様を見て日々苦悩している。近年の地域との連携をめざす学部・学科の創設ブームは、こうした地域と大学の双方が抱える問題の打開策の一つとしてみることができるだろう。

　では、実際にどのような効果が生まれるのだろうか。大学から地域へのアプローチの代表例は、フィールドワークである。このフィールドワークを通じて地域に積極的にかかわらせることは、学生教育に有効であることは確かである。上述のように、現場から得られるものは多く、一生ものの出会いもある。また、学外に出て行くということは、学外の大人に会う機会が増える。そうなれば、挨拶や連絡の取り方、言葉遣い、コミュニケーションの取り方などにも注意をしなければならず、否でも応でも社会人基礎力が上がる。地域の人々と接することは、学生の成長を促すことになるのである。そればかりでなく、研究者も、学生とともに多く経験し、研究を地域のためにダイレクトに生かすきっかけを得ることができる。

　他方で、受け入れ側の地域にとっても、意義がある。地域行事の手伝い、福祉や医療面でのボランティアなど、人手が足りない場面はますます多くなってきている。そこに学生が入り、地域を盛り上げてくれれば、地域のなかで活気が出る。高齢者ばかりの地域にやってくる若者は、そこにいるだけで、明るく、頼もしい。過疎地や高齢化の進んだ地域では、何か特別なことをしなくても、学生が来てくれるだけでありがたいという地域は多いのである。

　大学組織として地域に入っていくということは、教育課程や予算措置の点で、大学が保証するということであり、個別の教員やゼミとは比べものにならないほど影響力が大きい。地域と大学がともにメリットのある関係が構築できて、好循環が生まれれば、大学と地域の連携を中心に据えた地域活性化のモデルも可能であるかもしれない。そこでは、経済活動だけではない地域の暮らし全体に梃入れするような大学と地域の連携が、可能になるかもしれないのである。

（宇都宮千穂「『地域ブーム』の特徴と課題」大石正志・竹内康博・佐藤亮子・山口信夫・米田誠司・宇都宮千穂編著『地域と連携する大学教育の挑戦——愛媛大学法文学部総合政策学科地域・観光まちづくりコースの軌跡』ぺりかん社）

① 「<u>Ⓐ『フィールドワーク』には、どのような利点があるだろうか</u>」とありますが、筆者が考えるフィールドワークの利点を3点挙げてください。

　① _____

　② _____

　③ _____

② 「<u>Ⓑ大学が教育・研究目的で地域と連携する</u>」とありますが、その傾向はどのように変わってきていますか。下線部に当てはまる言葉を書いて、まとめてください。

　一般的な形態は、大学が①_____と協定を結ぶことである。これにより、大学側は②_____というメリットを得、企業側は

③_____、および、④_____ができ、それぞれ

⑤_____を構築していく。

　しかし、最近は、⑥_____

という連携が目立ち始めている。これは、実践活動による経験と研究活動によって、大学と地域

が協働で⑦_____というものである。

③ 「<u>Ⓒこのような『地域』を掲げる学部が誕生してきた背景</u>」とありますが、この背景について、地域と大学組織に分けてまとめてください。

地域	
大学組織	

（次のページにつづく）

④ 大学組織が地域に入っていくことの意義および効果とは、どのようなものですか。当てはまるものすべてに○を書いてください。

a. 学生が学外の人と接触することによって、挨拶や言葉遣いなどの社会的な能力が上がる。

b. 学生が地域で活動することによって、性格的に明るくなる可能性がある。

c. 学生が地域で活動することによって、地域の人手不足の解消ができる。

d. 過疎化や高齢化の進んだ地域では、学生が地域にいるだけでも存在価値がある。

e. 大学が組織として予算を保証することによって、地域とのパワーバランスが適正になる。

f. 地域と大学が連携し、地域活性化のモデルの構築することで、地域の生活の改善が可能となる。

フィールドワークでは、インタビュー調査が調査手法や研究手法としてよく使われます。インタビューに挑戦してみましょう。

教室の外でインタビューをしてみよう。

活動形態	ペアかグループ
インタビュー対象者	教師、事務員、アルバイト先の人、仕事をしている先輩など
インタビュー内容	仕事に関すること

1 質問シート（次のページ）の作成
- ・「はい」「いいえ」で答えられる質問よりは、5W1H を意識した質問を考える。
  - （例）「お仕事の内容について教えてください。」
  - 「どうしてこのお仕事をされているのですか。」

2 インタビューの対象者への協力依頼
- ・調査の主旨を伝える。
  - （例）「～について調査しています。」
  - 「お時間は〇分くらいです。」
  - 「いつがよろしいでしょうか。」

3 インタビューの実施
- ・必ずメモを取る。
- ・インタビューが終わったら、感謝の言葉を述べる。

4 レポートの作成
- ・インタビューデータを基にレポートを作成する。
- ・必ず自分の意見や感想も入れる。

5 発表
- ・ポスター発表やパワーポイントを使ってもよい

質問シート

質問者（　　　　　　　　　　　　）

対象者	
日　時	月　　　　日　　　　時　〜　　　時
場　所	

1. （例）現在の仕事内容について教えてください。

2.

3.

4.

5.

6.

7.

8.

9.

10.

レジュメを作成しよう

大学の学部や大学院の授業にゼミ（ゼミナール、seminar）があります。ゼミとは、教授などの指導のもとに少人数の学生が、特定のテーマについて、研究・報告・討論・発表などをする授業のことです。その際に、必要となるのがレジュメ（résumé）です。レジュメとは、論文や書籍の内容や自分の興味関心のあるテーマをまとめて、参加者に配布する資料のことです。レジュメは論文やレポートと違い、内容を要約し、それを箇条書き（内容を、いくつかに分けて、ひとつひとつ書き並べること）で書きます。箇条書きは見やすいことから、参加者にとっても読みやすくなるという効果があります。

レジュメの作成にあたっては、以下のことに気をつけるようにしましょう。

・キーワードになるものを探し、それらを中心に書く。

・A4で1〜2枚程度。

・簡潔に書く。

・自分の理解や疑問をゼミの仲間と共有する。

・読み手（ゼミの仲間）の内容理解を助ける。

・ゼミの人数分のレジュメをコピーしておく。

☞ **これが箇条書き**

自分の理解を仲間に伝えることは、簡単なことではありません。自分が読み手となったときに、わかりやすいかどうかを意識しながら書くようにしましょう。

ただし、ゼミを担当する教員によって、レジュメの書き方が違う場合があります。書き方については、担当教員やゼミの先輩に確認するといいでしょう。

作成例として、「トランス・サイエンス」のレジュメを挙げました（資料 pp.146-147）。参考にして、レジュメを作成してみてください。

［参考］
石井一成（2011）『ゼロからわかる　大学生のためのレポート・論文の書き方』ナツメ社
大島弥生・池田玲子・大場理恵子・加納なおみ・高橋淑郎・岩田夏穂（2005）『ピアで学ぶ大学生の日本語表現――プロセス重視のレポート作成』ひつじ書房
比佐篤（2015）「大学でのリテラシー教育におけるレジュメ作成の指導法」『関西大学高等教育研究』6, 69-80

資料

レジュメ作成例

「10章 研究って何?」の「考えるヒント」(p.143)で取り上げた「レジュメ(résumé)」の例と練習シートです。これらを参考にして、レジュメを作成してみてください。

作成日ではなく報告日を書く

2020 年 6 月 1 日　田中ゼミ発表

担当の章や節名を書く

「トランス・サイエンスとは」

小林傳司（2007）『トランス・サイエンスの時代——科学技術と社会をつなぐ』NTT 出版

本のタイトルを書く

経済学部経済学科 3 年

学籍番号：E1712345

発表者：王　　峻

本文には書かれていないが、ホブズボームが呼んだ「黄金の時代」はいつを指すのか調べておく

1．背景

・「黄金の時代」（1945 年〜 1973 年）：社会の豊かさを実現しつつあった時代

　　➡ 科学技術：恩恵のみではなく、核兵器の開発や公害問題を生み出す

2．科学技術と社会の関係

・科学は中立的立場だが、社会的政治的な利用法によって問題が生じる

　　例）悪用：原子力の軍事利用、善用：原子力発電

3．科学の区別

・基礎科学：研究だけに専念するリサーチとしての科学

　　　　　大学：公的資金が投入されるべき

・応用科学：製品開発に応用される科学

　　　　　企業：公的資金は投入すべきではない

4．科学的事実と価値

・科学：社会的、政治的利用の場面と切り離されるべき（図 1 を参照）

科学（客観的・中立的知識）　➡	権力（政治、意思決定の世界）
事実　　　　　　　　　　➡	価値付け

・問題点

　　　　技術革新が進行し、新製品が生み出され、社会が豊かになる

　　　　　　➡「事実（科学）」と「価値（権力）」を切り離すことができなくなる

５．トランス・サイエンス

定義：純粋な科学の領域と純粋な政治の領域の区別が維持できなくなり、両者が交錯す

　　　る領域。科学によって問うことはできるが、科学によって答えることができない

　　　問題群からなる領域（図１参照）

　　例）

　　・科学的に答えることができる問題：

　　　　　　運転中の原子力発電所の安全装置が同時に故障した場合、深刻な事故が生じる

　　　　　　　➡専門家の意見が一致

　　・科学的領域を越える問題：

　　　　　　すべての安全装置が同時に故障することがあるかどうか

　　　　　　　➡専門家の意見が不一致

　　　　　　　事故の発生の確率を安全とするか危険とみるか

　　　　　　　……トランス・サイエンスの問い

６．工学的判断とその問題

・故障や事故の可能性に対して

　　　➡余裕をもって設計しているのだから、無視できる

・問題点：工学的判断そのものが相場感覚で曖昧

　　　　　専門家に任せるだけでいいのか

７．疑問・感想　　　　　　　　　自分の疑問や感想などを書く

筆者は、トランス・サイエンス的状況が起きたときに、専門家に任せるだけでいいのか

と述べている。それでは、どのような人々が関わるべきなのか、みなさんの意見を聞き

たい。

下線に適当な言葉を入れて、レジュメを完成してください。

＿＿＿＿年＿＿月＿＿日　＿＿＿＿＿＿＿

「ダイグロシアと機能分担」

イ・ヨンスク（2009）『「ことば」という幻影―近代日本の言語イデオロギー―』明石書店

＿＿＿＿＿＿学部＿＿＿＿＿＿学科＿＿年

学籍番号：＿＿＿＿＿＿＿＿＿＿＿＿＿

発表者：＿＿＿＿＿＿＿＿＿＿＿＿＿

1．ダイグロシア（diglossia）とは

・ファーガソン（社会言語学者）が提唱した概念

・定義：＿＿＿＿＿＿＿＿＿＿＿＿＿＿＿＿＿＿＿＿＿＿＿

＿＿＿＿＿＿＿＿＿＿＿＿＿＿＿＿＿＿＿＿＿＿＿＿＿＿＿

表1　国別の上位変種と下位変種

国	①上位変種	②下位変種
スイス	標準ドイツ語	
エジプト		口語アラビア語
ギリシャ	古典語	
ハイチ		ハイチ・クレオール語

・機能分担

　①上位変種：教会の説教、政治演説、大学の講義、ニュース放送、新聞の社説、高尚な文学

　②下位変種：＿＿＿＿＿＿＿＿＿＿＿＿＿＿＿＿＿＿＿＿＿

＿＿＿＿＿＿＿＿＿＿＿＿＿＿＿＿＿＿＿＿＿＿＿＿＿＿＿

2．「ダイグロシア」の特徴

・上位変種：日常生活で用いられない ➡ 優位性を持つ

・下位変種：＿＿＿＿＿＿＿＿＿＿＿＿＿＿＿＿＿＿＿ ➡ 地域や階層によって分化する

　例）・中世ヨーロッパおけるラテン語と俗語

　　　　・＿＿＿＿＿＿＿＿＿＿＿＿＿＿＿＿＿

➡上位変種は民族や地域の限定を受けない

3．「ダイグロシア」が生まれる条件

・＿＿＿＿＿＿＿＿＿＿＿＿＿＿＿＿＿＿＿＿＿＿＿＿＿＿＿＿＿＿＿＿＿＿＿

・＿＿＿＿＿＿＿＿＿＿＿＿＿＿＿＿＿＿＿＿＿＿＿＿＿＿＿＿＿＿＿＿＿＿＿

4．「ダイグロシア」が解消される条件

・＿＿＿＿＿＿＿＿＿＿＿＿＿＿＿＿＿＿＿＿＿＿＿＿＿＿＿＿＿＿＿＿＿＿＿

・＿＿＿＿＿＿＿＿＿＿＿＿＿＿＿＿＿＿＿＿＿＿＿＿＿＿＿＿＿＿＿＿＿＿＿

・＿＿＿＿＿＿＿＿＿＿＿＿＿＿＿＿＿＿＿＿＿＿＿＿＿＿＿＿＿＿＿＿＿＿＿

➡上位変種は捨てられ、民族語の統一化がはじまる

5．近代国家における「国語」の体制

＿＿＿＿＿＿＿＿＿＿＿＿＿＿＿＿＿＿＿＿＿＿＿を乗り越えようとした結果生まれた

　ただし、特定の変種のみを標準語とした場合、「ダイグロシア」的状況に戻る

　　・ひとつの優越した言語のもとに複数の言語が従属

　　・＿＿＿＿＿＿＿＿＿＿＿＿＿＿＿＿＿＿＿＿＿＿＿＿＿＿＿＿＿＿＿＿

6．言語的民主主義の実現に向けて

＿＿＿＿＿＿＿＿＿＿を拒否し、真の＿＿＿＿＿＿＿の実現に向けての問いかけが必要

7．疑問・感想

＿＿＿＿＿＿＿＿＿＿＿＿＿＿＿＿＿＿＿＿＿＿＿＿＿＿＿＿＿＿＿＿＿＿＿＿＿

＿＿＿＿＿＿＿＿＿＿＿＿＿＿＿＿＿＿＿＿＿＿＿＿＿＿＿＿＿＿＿＿＿＿＿＿＿

_____年____月____日　_____

「ダイグロシアと機能分担」

イ・ヨンスク（2009）『「ことば」という幻影―近代日本の言語イデオロギー―』明石書店

_____学部_____学科____年

学籍番号：_____

発表者：_____

1．ダイグロシア（diglossia）とは

・ファーガソン（社会言語学者）が提唱した概念

・定義：ひとつの言語の中のふたつの変種が、上位のものと下位のものにはっきりと分
　　　　けられている状態

表1　国別の上位変種と下位変種

国	①上位変種	②下位変種
スイス	標準ドイツ語	スイス・ドイツ語
エジプト	正則アラビア語	口語アラビア語
ギリシャ	古典語	民衆語
ハイチ	フランス語	ハイチ・クレオール語

・機能分担

　　①上位変種：教会の説教、政治演説、大学の講義、ニュース放送、新聞の社説、
　　　　　　　　高尚な文学

　　②下位変種：家族や友達との会話、ラジオの大衆ドラマ、大衆文学

2．「ダイグロシア」の特徴

・上位変種：日常生活で用いられない ➡ 優位性を持つ

・下位変種：学校教育で用いられない（規範化されない）➡ 地域や階層によって分化する

　例）・中世ヨーロッパおけるラテン語と俗語

　　　　・東アジアにおける漢文と民族語

➡上位変種は民族や地域の限定を受けない

3．「ダイグロシア」が生まれる条件

・上位変種で書かれた文字と文学に基本的価値がある

・少数エリートによる読み書き能力の独占

4．「ダイグロシア」が解消される条件

・読み書き能力が広く普及すること

・異なる地域・社会階層間においてコミュニケーションが増大すること

・「標準国民語」への欲求が生まれること

➡上位変種は捨てられ、民族語の統一化がはじまる

5．近代国家における「国語」の体制

「ダイグロシア」の体制を乗り越えようとした結果生まれた

　ただし、特定の変種のみを標準語とした場合、「ダイグロシア」的状況に戻る

　　　・ひとつの優越した言語のもとに複数の言語が従属

　　　・下位言語の多様性は限定した領域のもとでは保証されるという状態に陥る

6．言語的民主主義の実現に向けて

　言葉の階層性を拒否し、真の言語的民主主義の実現に向けての問いかけが必要

7．疑問・感想

　筆者は「言葉の階層性を拒否し、ほんとうの意味での言語的民主主義をいかにして実現するか」と述べているが、日本における外国人はどのように言語的民主主義を実現させればいいのかが疑問に思った。

【著者略歴】

奥山　貴之（おくやま・たかゆき）

沖縄国際大学総合文化学部日本文化学科　准教授
法政大学大学院人文科学研究科日本文学専攻修了　修士（文学）

主な著作に、『私小説ハンドブック』（共編著）（勉誠出版，2014 年）、『日本語学習者のための読解厳選テーマ 10［中上級］』（共著）（凡人社，2015 年）、「学部留学生への初年次教育の中で日本語教育が果たす役割についての基礎調査——Can-do アンケートを媒介としたインタビューから」（『沖縄国際大学日本語日本文学研究』第 23 巻 1 号，2018 年）がある。

宇津木　奈美子（うつき・なみこ）

帝京大学日本語教育センター　准教授
お茶の水女子大学大学院人間文化創成科学研究科比較社会文化学専攻博士後期課程修了　博士（人文科学）

主な著作に、『教科学習支援における母語支援者の当事者性獲得』（風間書房，2018 年）、「実践を省察するラウンドテーブル型教師研修からの学びと可能性」（共著）（『日本語教育』第 183 号，2022 年）、『越境する日本語教師と教師研修—実践を省察するラウンドテーブル—』（共編著）（くろしお出版，2023 年）がある。

東　会娟（とう・かいけん）

帝京大学日本語教育センター　准教授
名古屋大学大学院国際言語文化研究科日本言語文化専攻博士後期課程修了
博士（文学）

主な著作に、「依頼メールの件名のつけ方にみる日本語学習者のメールリテラシーとその課題」（『帝京大学情報処理センター年報』21 巻，2018 年）、「中国人日本語学習者のメールにおける依頼の展開構造について——日本語母語話者との比較を通じて」（『日本語・日本文化論集』第 22 号，2015 年）がある。

考える人の【上級】日本語読解

| 2020 年　6 月 25 日 | 初版第 1 刷発行 |
| 2023 年　5 月 31 日 | 初版第 3 刷発行 |

著　　　者	奥山貴之，宇津木奈美子，東会娟
発　　　行	株式会社　凡　人　社
	〒 102-0093
	東京都千代田区平河町 1-3-13
	TEL：03-3263-3959
イ ラ ス ト	MIL（株式会社アクア）
装丁デザイン	コミュニケーションアーツ株式会社
印 刷・製 本	倉敷印刷株式会社

ISBN 978-4-89358-976-7

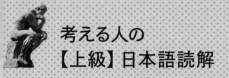

考える人の
【上級】日本語読解

別冊
1

語彙リスト

＊日本語能力試験 N1 学習レベル相当の語をリストにしました。
　（旧日本語能力試験の出題基準 1 級を参考にした。）

＊一部、表現の単位で掲載しています。

＊対訳は本書の読み物での意味に基づいています。

＊一部を除き、固有名詞は掲載していません。

章 ゲームと人と社会と私

日本語	英語	中国語	ベトナム語
読む❶ 遊び盛り	be at a (playful) age	(玩心)旺盛	ham chơi
クリエーター	creator	创意者、创造者	người tạo
はしくれ	be a part of / engage in	无名之辈、小字辈	tầm thường
ハマる	to obsessed with	着迷	say mê
自問自答	wonder to oneself	自问自答	tự hỏi bản thân
受け入れる	to be accepted into	接受、接纳	chấp nhận, tiếp nhận
開発	development	开发	phát triển
造詣	great / deep knowledge	造诣	vốn kiến thức
玩具	toy	玩具	đồ chơi
寄稿	contribute	投稿	đóng góp
一見	At first glance	乍一看	nhìn thoáng qua
無意味	meaningless	没有意义	vô nghĩa
対応	handle / respond to	应对、处理	xử lý, đối phó
体臭	body odor	体臭、气味	mùi cơ thể
予知	predict	预知	báo trước, dự đoán
不可欠	essential	不可缺少	rất cần thiết, không thể thiếu
欠く	to lack / to miss out on	缺乏、欠缺	thiếu
本当的	actually / truly	真正的	thực sự
養う	to nurture / to foster	培养、养成	nuôi dưỡng
創造的	creative	创造性的	sáng tạo
拓く	to open up / to develop	开拓	mở (đường)
適応度	fitness	适应性	mức độ thích hợp
行為	actions	行为	hành động, hành vi
乖離	separated from	偏离、背离	phân tách
近しい	close to	相近、亲近	quen thuộc, thân thiện
挑戦	challenge	挑战	thách thức
育む	to support / to nurture	培育、培养	nuôi dưỡng
志す	to aspire to	立志	mong muốn
カセット	cartridge	(游戏)卡带	băng cát-sét
ゲームソフト	game software	游戏软件	trò chơi điện tử
痕跡	traces / remnants	痕迹	dấu vết
極めて	extremely	极其、非常	cực kỳ
コンテンツ	content	内容	nội dung
進化	progress	进化	phát triển
淘汰	weeding out	淘汰	chọn lọc
アート	art	艺术	nghệ thuật
側面	aspect	方面、(事物的)另外一面	khía cạnh, mặt bên
テクノロジー	technology	技术	công nghệ
顧客	customer	顾客	khách hàng
トレンド	trend	趋势	xu hướng

	日本語	英語	中国語	ベトナム語
	劇的に	dramatically	戏剧性的	kịch tính, ngoạn mục
	媒体	medium	媒体	phương tiện
	カートリッジ	cartridge	卡带	hộp mực
	ディスク	optical disk (CD, DVD, etc.)	光碟	đĩa
	ダウンロード配信	download distribution	下载发行	phân phối tải xuống
	既存	existing	已有	có sẵn, hiện hữu
	陳腐	obsolete	陈腐、陈旧	lạc hậu
	共有	share	共有、共享	cùng sở hữu
	本質	nature	本质	bản chất
	象徴	symbolize	象征	tượng trưng, biểu tượng
	デッサン	concept	素描	thiết kế
	手法	technique	手法	phương pháp
	メディア	media	媒体	phương tiện
	オリジナル	original	原创	bản gốc
	加工	work on	加工	gia công
	企画書	written proposal	企划书	bản kế hoạch
	プロジェクト	project	项目	dự án
	全盛	zenith / apex	全盛、极盛	thời hoàng kim
	量産	mass production	量产、大规模生产	sản xuất hàng loạt
	裾野	supporting (industry, etc.)	原指山脚下的原野，引申为地盘、领域，(某个事物的)周边	phạm vi
	成果	result / outcome	成果	thành quả
	模倣	imitations	模仿	mô phỏng
	生み出す	to bring about / to bring forth	产生出、创造出	tạo ra
内容理解	定義	definition	定义	định nghĩa
	悪影響	bad influence	坏影响	ảnh hưởng xấu
	衰退	decay / deteriorate	衰退	suy thoái
	熟練	skillfulness / proficiency	(技能)熟练	thành thạo
	懸念	concerns	担心、担忧	lo sợ
	指摘	point out	指出、提出	chỉ ra
考える1	考察	consider	考察、研究	xem xét
読む❷	悪影響	bad influence	坏影响	ảnh hưởng xấu
	脳	brain	大脑	não
	引き起こす	to cause / to bring about	引起、引发	dẫn đến
	根拠	basis / grounds	根据	căn cứ, cơ sở
	決着	decision	终结、解决	kết luận, giải quyết
	結び付ける	to link with	联系、挂钩、结合	kết nối
	殺傷	killing and wounding	杀伤	giết người
	(山口)発	From Yamaguchi Prefecture	来自(山口县)	gửi từ (tỉnh Yamaguchi)
	殺人	murder / homicide	杀人、凶杀	kẻ giết người
	不可解	incomprehensible	不可思议、难以理解	bí ẩn

日本語	英語	中国語	ベトナム語
凶行（きょうこう）	vicious crime / atrocity	行凶	hành động tàn ác
銃乱射（じゅうらんしゃ）	shooting rampage	乱枪扫射	bắn súng điên cuồng
大公開（だいこうかい）	to widely publicize	大公开	công khai
投稿（とうこう）	contribution / post	投稿	bài viết
追跡（ついせき）	track	追踪	truy tìm
殺害（さつがい）	murder / homicide	杀害	sát hại
前頭葉（ぜんとうよう）	frontal lobe (of the brain)	额叶、前额叶	thùy trán
乱入（らんにゅう）	intruding / breaking in	闯入、闯进	xâm nhập
惹く（ひく）	to attract	吸引	cuốn hút
抜き出す（ぬきだす）	to extract	抽出、抽取	trích ra
根強い（ねづよい）	entrenched / ingrained	根深蒂固的	ăn sâu vào tiềm thức
賛同（さんどう）	approve of / endorse	赞成、赞同	chấp thuận
進化（しんか）	progress	进化	phát triển
関連付ける（かんれんづける）	to connect with / to correlate with	联系、挂钩	có liên quan
掲載（けいさい）	publication	刊载	đăng tải
解明（かいめい）	clarify / elucidate / make clear	查明、弄清	làm rõ
仮想（かそう）	virtual / imaginary	假想、虚拟	ảo
天帝（てんてい）	god	天帝、上帝	Thượng Đế
声明文（せいめいぶん）	written statement	宣告文	lời tuyên bố
推測（すいそく）	conjecture / surmise	推测	suy đoán
死傷者（ししょうしゃ）	dead and inured	死伤者	người chết và người bị thương
残忍（ざんにん）	coldhearted / merciless	残忍	tàn nhẫn
殺戮（さつりく）	massacre / slaughter	杀戮	tàn sát
凶器（きょうき）	lethal weapon	凶器	hung khí
弁（べん）	speech / remarks	话语、腔调	biện hộ
識者（しきしゃ）	pundit	有识之士	trí thức
認知件数（にんちけんすう）	the number of known cases	已知件数	số vụ ghi nhận
件数（けんすう）	number of cases	件数	số vụ
増加（ぞうか）	increase	增加	gia tăng
転じる（てんじる）	to turn / to divert	转成、改变	đổi hướng
減少（げんしょう）	decrease	减少	giảm
大幅に（おおはばに）	steeply / by a large margin	大幅度地	rất nhiều
暴力（ぼうりょく）	violence	暴力	bạo lực
煽る（あおる）	to stir up / to inflame	煽动、鼓动	khơi gợi
ヒット	popular / success	大成功、大受欢迎	thành công
キャラクター	character	人物	nhân vật
襲いかかる（おそいかかる）	to attack / to come for	袭击	tấn công
ゾンビ	zombie	僵尸	xác sống
描写（びょうしゃ）	portray	描绘、描写	phác họa
仕掛け（しかけ）	trick / technique	机关、埋伏	kỹ xảo
襲う（おそう）	to assault	袭击	tấn công

	日本語	英語	中国語	ベトナム語
	～件	X incident(s)	～件	~ vụ
	未成年	under age	未成年	vị thành niên
	殺人犯	murderer	杀人犯	tội phạm giết người
	検挙	arrest	逮捕、拘留	bắt giữ
	比率	percentage	比例	tỉ lệ
	横ばい	level off	(变化)平稳、不变	ổn định
	～著	written by X	～著	được viết bởi ~
	先行(研究)	preceding (studies)	已有(研究)	(nghiên cứu) trước đây
	因果	cause and effect	因果	nhân quả
	言動	words and actions	言行	lời nói và hành động
	要因	main cause	主要原因、主要因素	nguyên nhân chính
	捉える	to grasp	把握、领会	nắm bắt được
	見逃す	to overlook	放过、忽略	bỏ sót
	支障	obstacle / impediment	障碍、妨碍	gây trở ngại
	背景	background	背景	bối cảnh
	第一歩	first step	第一步	bước đầu tiên
内容理解	復帰	reintegrate	回归	quay trở lại
	相関	correlation	相关	tương quan
考えるヒント	課す	to impose	使负担、课以	bắt chịu
	賛同	approve of / endorse	赞成、赞同	chấp thuận
	虐待	maltreatment	虐待	ngược đãi
	自主性	independence / autonomy	自主性	độc lập
	行為	actions	行为	hành động, hành vi
	非難	criticism / blame	非难、责难	đổ lỗi
	提起	raise / bring up (a question / problem)	提出	đưa ra
	実践	practice	实践、实行	thực tiễn

2章 言語と向き合う

	日本語	英語	中国語	ベトナム語
	由来（ゆらい）	origin	由来、起源	nguồn gốc
	違和感（いわかん）	feeling of discomfort	别扭、不和谐感、不相容的感觉	cảm giác khó chịu
読む❶	疑念（ぎねん）	misgivings	疑问	nghi ngờ
	自在（じざい）	full comand / have full co-mand of... / be fluent in	自由自在、随意	tự do
	操る（あやつる）	to manage / to operate	操控、驾驭	nói
	自問（じもん）	wonder to oneself	自问	tự hỏi
	修了（しゅうりょう）	complete / finish (a course)	完成学业	kết thúc
	都内（とない）	within Tokyo	东京都内	khu vực Tokyo
	赴く（おもむく）	to visit	奔赴、前往	đến
	資格（しかく）	qualification	资格、资质	tư cách
	教職（きょうしょく）	teaching profession	教职	nghề giáo
	（中国語）圏（ちゅうごくごけん）	(Chinese-speaking) areas	（汉语）圈	các nước (nói tiếng Trung Quốc)
	人材（じんざい）	human resources	人才	nhân tài
	別室（べっしつ）	separate room	另外的房间、特别的房间	phòng riêng biệt
	喋る（しゃべる）	to speak / to talk	说、讲	trò chuyện
	実践（じっせん）	practical	实际	thực tiễn
	低学年（ていがくねん）	lower grades (students in years 1 and 2, etc.)	低学年	lớp dưới
	無邪気（むじゃき）	innocent / naïve	无邪	ngây thơ
	憎まれ口を叩く（にくまれぐちをたたく）	to make malicious / abusive remarks	说讨人嫌的话	nói những lời xúc phạm
	保護者（ほごしゃ）	guardian / parent	监护人、家长	người bảo hộ
	急遽（きゅうきょ）	hastily	急剧、突然	vội vàng
	苦笑（くしょう）	forced smile	苦笑	cười gượng
	父方（ちちかた）	paternal side (of the family)	父亲一方、父系	bên nội
	曾祖父（そうそふ）	great-grandfather	曾祖父	ông cố
	戦時中（せんじちゅう）	during wartime / during a war	战时	thời chiến
	姓名（せいめい）	full name	姓名	họ và tên
	（来日を）機に（らいにちをきに）	upon coming to Japan	以（来日）为转折	khi (đến Nhật)
	血縁（けつえん）	blood relationship	血缘	quan hệ huyết thống
	根拠（こんきょ）	basis / grounds	根据	căn cứ
	片隅（かたすみ）	in the back of	角落	nằm sâu
	戦前（せんぜん）	before the war	战前（特指二战以前）	trước chiến tranh
	母方（ははかた）	maternal side (of the family)	母亲一方、母系	bên ngoại
	すれ違う（すれちがう）	pass by each other	交错、擦肩而过	đi ngang qua
	統治下（とうちか）	be under the rule of X	统治之下	dưới sự thống trị

日本語	英語	中国語	ベトナム語
内地人 （ないちじん）	residents / inhabitants	二战以前使用的术语（指出生于日本本土的日本人）	người sống ở Honshu
宗主国 （そうしゅこく）	a vassal state / a suzerain state	宗主国（这里指二战以前的日本）	nước đô hộ
交わす （か）	exchange	交流、交换	trao đổi
版図 （はんと）	territory / domain	版图	lãnh thổ
中華料理 （ちゅうかりょうり）	Chinese cooking / cuisine	中餐、中国菜	món ăn Trung Hoa
戦後 （せんご）	after the war	战后（特指二战以后）	sau chiến tranh
曾孫 （ひまご）	great-grandchild	曾孙	chắt
獲得 （かくとく）	acquire / obtain	掌握、获得	thu được
奮闘 （ふんとう）	strive for / exert for	奋斗、拼搏	đấu tranh
模索 （もさく）	grasp / reach for	摸索	tìm kiếm
募る （つの）	to grow / rise (feeling, interest, etc.)	越来越强烈	tập hợp lại

内容理解

日本語	英語	中国語	ベトナム語
捉える （とら）	to grasp	把握、领会	nắm bắt được
母語 （ぼご）	native language / mother tongue	母语	tiếng mẹ đẻ

読む❷

日本語	英語	中国語	ベトナム語
単一 （たんいつ）	single / uni-	单一	duy nhất
乗り越える （のこ）	to overcome / to surmount	超越、克服	vượt qua
近年 （きんねん）	recent years	近年	những năm gần đây
考察 （こうさつ）	consider	考察、研究	xem xét
対等 （たいとう）	equivalent / equal status	对等、平等	ngang bằng
階層 （かいそう）	hierarchy	阶层	tầng lớp
提唱 （ていしょう）	advocate / propose	提倡、提出	đề xuất
概念 （がいねん）	concept / idea	概念	khái niệm
変種 （へんしゅ）	variant / variety	变种	thứ hạng
上位 （じょうい）	higher rank / precedence	上位、高位	vị trí cao
下位 （かい）	lower rank / precedence	下位、低位	vị trí thấp
正則（アラビア語） （せいそく ご）	standard (Arabic)	标准语或书面语（阿拉伯语）	(tiếng Ả Rập) chính thức
民衆（語） （みんしゅう ご）	language spoken by the people	通俗（语）	(tiếng) phổ biến
前者 （ぜんしゃ）	the former	前者	tiếng trước
後者 （こうしゃ）	the latter	后者	tiếng sau
領域 （りょういき）	domain	领域	khu vực
厳格 （げんかく）	rigorous / strict	严格	nghiêm ngặt
分担 （ぶんたん）	apportionment	分担	chia sẻ công việc
説教 （せっきょう）	preaching	规劝、训诫	giảng đạo
高尚 （こうしょう）	refined / sophisticated	高尚、高雅	danh giá
大衆 （たいしゅう）	the masses / the populace	大众、通俗	quần chúng
優位 （ゆうい）	superiority / advantage	优越	ưu thế
権威 （けんい）	authority / influence	权威	quyền lực
俗世間 （ぞくせけん）	secular society	俗世	cuộc sống đời thường

	日本語	英語	中国語	ベトナム語
	切り離す	to detach from / to uncouple from	割裂、分开	tách rời
	規範	standard	规范	tiêu chuẩn, định mức
	分化	specialize / differentiate	分化	phân chia
	逆説	paradox	反论	nghịch lý
	言い張る	to maintain that / to insist that	坚决主张、固执已见	quả quyết
	いっこうに	utterly / completely	全然、完全	hoàn toàn
	俗語	colloquial language	俗语	tiếng lóng
	漢文	classical Chinese literature	汉文、古汉语	Hán văn
	民族	Ethnicity	民族	dân tộc
	限定	limit	限制	sự giới hạn
	超～	super / ultra	超～	siêu ～
	共同体	communal society	共同体	cộng đồng
	体現	embodiment / personification	体现	biểu hiện
	少数	a small number	少数	số ít
	独占	monopoly / exclusive possession	独占、垄断	độc chiếm
	解消	dissolve	消除、解除	giải quyết
	併存	coexist	并存	cùng tồn tại
	意図	intent	意图、目的	mục đích
	公的	public / official	公共的、官方的	công cộng
	剥奪	deprive	剥夺	tước bỏ
	抑圧	suppress / restrain	压制、压抑	đàn áp
	舞い戻る	to go back to / to return to	返回、重返	quay trở về
	後退	retreat	后退、倒退	rút lui
	多様	diverse	多种多样	đa dạng
	否応なく	inevitably	不容分说、不管愿意与否	không nói có hoặc không
	生み出す	to bring about / to bring forth	产生出、创造出	tạo ra
	優越	predominant	优越	ưu việt
	従属	subordinate	从属	phụ thuộc
	訪れる	to visit / to arrive	到来、来临	đến
	拒否	refuse / reject	拒绝、否定	phản đối
内容理解	認識	recognition	认知、认识	nhận thức
	劣等感	sense of inferiority	自卑感、自卑意识	cảm giác thấp kém
	介入	intervene	介入	can thiệp
	獲得	acquire / obtain	掌握、获得	thu được
	排する	to drive out / to oust	排除、破除	loại bỏ
	推進	promote	推进	thúc đẩy
	序列	hierarchy / ranking / order	序列、名次	xếp hạng
考える2	身近	familiar	身边	quen thuộc
	対応	handle	应对、处理	hỗ trợ, đối ứng
考えるヒント	近年	recent years	近年	những năm gần đây

日本語	英語	中国語	ベトナム語
施行	enforce	实施	thi hành
出入国管理及び難民認定法	Immigration Control and Refugee Recognition Act	出入国管理及难民认定法	Đạo luật Kiểm soát nhập cư và công nhận người tị nạn
在留	resident	侨居、旅居	cư trú
増加	increase	增加	gia tăng
在日韓国・朝鮮籍	Koreans with permanent residency in Japan	在日韩国、朝鲜籍	người quốc tịch Hàn Quốc, Triều Tiên sống tại Nhật Bản
特別永住者	special permanent resident	特别永住者 (签证类型名称)	người vĩnh trú đặc biệt
上述	the afore-mentioned	上述	đã nói ở trên
日系南米人	South-Americans of Japanese descent	日裔南美人	người Nam Mỹ gốc Nhật
文部科学省	Ministry of Education, Culture, Sports, Science and Technology	文部科学省	Bộ Giáo dục, Văn hoá, Thể thao, Khoa học và Công nghệ Nhật Bản
公立	public / communal	公立	công lập
受け入れ	receive / accept	接纳、接受	chấp nhận, tiếp nhận
外国籍	foreign nationality	外国籍	quốc tịch nước ngoài
母語	native language / mother tongue	母语	tiếng mẹ đẻ
指摘	point out	指出	chỉ ra
不就学	not attending school	未就学	không đi học
潜在	potentially	潜在	tiềm ẩn
相応	suitable	相应	tương ứng
認知	acknowledge	认知	nhận thức
陥る	to fall / stumble / lapse into	陷入	rơi vào
展望	outlook	希望、前景	triển vọng
条約	treaty / convention	条约	công ước
初等	elementary / beginner level	初等	sơ đẳng
司法	judiciary	司法	tư pháp
認識	recognition	认知、认识	nhận thức
保障	guarantee / ensure the continued existence of a right	保障	bảo đảm
重国籍	multiple nationalities / citizenship	双重国籍及多重国籍	nhiều quốc tịch
保護者	guardian / parent	监护人、家长	người bảo hộ

日本語	英語	中国語	ベトナム語
自尊	self-esteem / self-respect	自尊、自重	tự trọng
こなす	to do well / complete	做完、做好	giải quyết
誇る	to be proud of	引以为豪	tự hào
落ちこぼれ	failure / underachiever	跟不上、落后、掉队的人	sai đường
尺度	scale	尺度	thang đo
先進国	developed nation	先进国家	nước tiên tiến
総合	comprehensive / overall	综合	tổng hợp
集計	total / aggregate	合计、总计	tập hợp
データ	data	数据	dữ liệu
下位	low position	下位、低位	vị trí thấp
主観	subjective	主观	chủ quan
孤独	solitude / loneliness	孤独	cô đơn
比率	proportion	比例、比率	tỉ lệ
突出	prominent	突出、明显	phần nhô lên
報道	media reports	报道	báo cáo
極めて	extremely	极其、非常	cực kỳ
臨床	clinical pracice	临床	lâm sàng
乏しい	lacking in / short of	缺乏	thiếu
親御さん	parents	对他人父母的尊敬语	bậc cha mẹ
事実	facts / actuality	事实	sự thật
少子化	declining fertility / birthrate	少子化	giảm tỷ lệ sinh
無言	silent	无言	im lặng
プレッシャー	pressure	压力	áp lực
中高年	middle and old age	中老年	tuổi trung niên
行政	governmental / administrative	行政	hành chính
担う	to shoulder / bear (a burden)	承担	đảm đương, gánh vác
団塊	baby boomer	团儿、块儿(这里特指日本在 1947-49 年期间出生、人口密集的一代)	bùng nổ dân số
ギャップ	gap	差距、隔阂	khoảng cách
自負	pride	自负、自豪	tự cao
自己	one's own	自我	tự mình
満喫	enjoying fully	充分享受	tận hưởng
悩み	worry	烦恼	khó khăn
自覚	self-awareness	自觉、自知	tự nhận thức
一握り	a handful	极少数、一小群	một số ít
称賛	praise / accolades	表扬、称赞	tán dương
風潮	general atmosphere / tendency	风潮、风气	phong trào

読む❶

	日本語	英語	中国語	ベトナム語
	格差（かくさ）	differential / difference	差距、差别	chênh lệch
	増大（ぞうだい）	enlargement	增大	tăng lên
	業績至上主義（ぎょうせきしじょうしゅぎ）	the supremacy of business performance	绩效至上主义	đặt chủ nghĩa kinh doanh lên hàng đầu
	引きこもり（ひ）	stay shut-in at home	长期闭门不出、（拒绝接触他人和社会的生活状态、家里蹲）	cách ly với xã hội
	増加（ぞうか）	increase	增加	gia tăng
	若者（わかもの）	youths / young people	年轻人	người trẻ
	見受けられる（みう）	to find / to come across	看起来、看来	có thể nhìn thấy
	達成感（たっせいかん）	sense of accomplishment	成就感	ý thức hoàn thành
	見いだす（み）	to find / discover	发现、找到	tìm ra
	英雄視（えいゆうし）	be regarded as heroes	视为英雄	xem như anh hùng
	大多数（だいたすう）	majority	大多数	phần lớn
	溢れる（あふ）	overflow	充满	tràn ngập
	相変わらず（あいか）	as usual	照旧、依旧	không thay đổi
	下層（かそう）	low class	下层	tầng lớp thấp
	切り捨てる（きす）	to discard / abandon / forsake	抛弃、舍弃	bỏ qua
	メッセージ	message	消息、信息	thông điệp
	閉塞（へいそく）	stopped / blocked	封闭	bế tắc
	言外（げんがい）	hint at / imply	言语之外	ám chỉ
	成果（せいか）	result / outcome	成果	thành quả
	屈託（くったく）	concern	忧虑、担心	chăm sóc
	居場所（いばしょ）	residence	立足之地、存身之处	chỗ ở
	提供（ていきょう）	offer	提供	cung cấp
	育む（はぐく）	to raise / nurture	培养、培育	nuôi dưỡng
	自尊（じそん）	self-esteem / self-respect	自尊、自重	tự trọng
	指摘（してき）	point out	指出	chỉ ra
	協調（きょうちょう）	cooperate / collaborate	协调、合作	hợp tác
内容理解	取り巻く（とま）	surround / envelop	围绕	xung quanh
	重苦しい（おもくる）	oppressive / ponderous	沉闷、沉重	nặng nề
	満ちる（み）	to be full / to brim with	充满	đầy
	報われる（むく）	to be repaid / to be rewarded	得到回报	đền đáp
考える1	問題視（もんだいし）	see as a problem	视为问题	xem như là một vấn đề
	指摘（してき）	point out	指出	chỉ ra
読む❷	自尊（じそん）	self-esteem / self-respect	自尊、自重	tự trọng
	再考（さいこう）	reconsider	重新考察	xem xét lại
	考察（こうさつ）	consider	考察、研究	xem xét
	人格（じんかく）	character / personality	人格	tính cách
	適応（てきおう）	adaptation / adjustment	适应	thích ứng
	指摘（してき）	point out	指出	chỉ ra
	見逃す（みのが）	to overlook	放过、忽略	bỏ sót

日本語	英語	中国語	ベトナム語
視点	point of view / viewpoint	观点、角度	quan điểm
根源	root / origin	根源	căn nguyên
毒性	toxicity	毒性、毒质	tính độc hại
非難	criticism / blame	非难、责难	đổ lỗi, chỉ trích
側面	aspect	方面、(事物的)另外一面	khía cạnh
一石を投じる	to create a stir / to raise a question	投掷一块石头(这里特指新的问题)	gây ra sự náo động
矯正	correct / redress / remedy	矫正、纠正	sửa đổi
コントロール	control	控制	kiểm soát
増幅	amplify	增幅、放大	khuếch đại
カテゴリー	category	分类、类型	loại
主観	subjective	主观	chủ quan
自己	one's own	自我	tự mình
客観	objective	客观	khách quan
問題視	see as a problem	视为问题	xem như là một vấn đề
代替	alternative	替代	thay thế
様式	form / mode	模式、样式	hình thức
逃れる	to escape	逃避、摆脱	thoát khỏi
中核	core	核心	cốt lõi
枠組み	framework	框架	khuôn khổ
獲得	acquire	获得	thu được
良好	good / satisfactory	良好	tốt đẹp
愛着	affection / love	眷恋、不舍	gắn bó
観点	point of view / perspective	观点、看法	quan điểm
独自	original / unique	独特	đặc trưng, độc đáo
プロセス	process	过程	quy trình
楽観	optimism	乐观	lạc quan
思考	thinking / thoughts	思考	suy nghĩ
課題	issue / subject	课题、问题	vấn đề
方略	plan / measure	方略、策略	chiến lược
悲観	pessimism	悲观	bi quan
二分法	dichotomy	二分法、非此即彼	phương pháp phân đôi
対応策	countermeasure	对策	biện pháp đối phó
向上	improvement	提高	nâng cao
防衛	defense	防御	phòng vệ
阻害	block / impede / hinder	阻碍、妨碍	cản trở
見極める	to see through	看清、看透	xác định
強いる	to compel / force	强制、强迫	bắt buộc
留意	attention / heed	留意、注意	lưu ý
致命的	fatal / extremely cruicial	致命的	gây chết người
吟味	close inspection	斟酌、考虑	xem xét kỹ
静的	static	静止的、静态的	tĩnh
実体	essence	实体、本体	thực thể

日本語	英語	中国語	ベトナム語
捉える	to grasp	把握、领会	nắm bắt được
行為	actions	行为、行动	hành động, hành vi
慣習	custom / habit	习惯	thói quen
前提	assumption	前提	tiền đề
主体	subject	主体	chủ thể
差異	difference / disparity	差异	sự khác nhau
他者	the other	他人	người khác
協調	cooperate / collaborate	协调、合作	hợp tác
自己賞賛	self-appraisal	自我肯定、自我赞美	tự đánh giá
共有	share	共有、共享	cùng nhau trao đổi
相容れない	incompatible	互不相容	không tương thích
推奨	recommend	推崇	khuyến khích
反応	reaction / response	反应	phản ứng
内面化	internalization	内化	nội bộ hóa
干渉	interference / meddling	干涉	sự can thiệp
排除	exclusion	排除	loại bỏ
漂う	connote	飘荡、显露	trôi đi
尊大	arrogance	尊大、自大	tự cao tự đại
放棄	abandonment	放弃	từ bỏ
暗に	tacitly / implicitly	暗中	ngụ ý
素朴	simple	单纯	đơn giản
認識	recognize	认知、认识	nhận thức
符合	agree / conform	符合	phù hợp
構図	composition	构图(比喻事物整体形象)	thành phần
優先	preference / priority	优先	ưu tiên
卑下	humility	谦卑、自卑	tự ti
美徳	virtue / goodness	美德	đức tính tốt
人並み	the same as everyone else	普通、一般	bình thường
言及	reference / allusion	言及、提及	đề cập
心性	mentality	精神特质	tâm tính
牽制	restrain / curb	牵制、制约	kiềm chế
変容	transform / metamorphosize	变化、变迁	thay đổi
(自己)観	self-image	(自我)观念	quan điểm (bản thân)
昂揚	(psychological) lift / boost	发扬、提高	thúc đẩy
論旨	theme / point	论点、议论的主旨	lập luận

考える2

変わりゆく世界

日本語	英語	中国語	ベトナム語
読む❶ 東京五輪	the Tokyo Olympics	东京奥运会	Thế vận hội Olympic Tokyo
エポック	epoch	新时代、新纪元	kỷ nguyên
開催	hosting	举办、召开	tổ chức
修学旅行	school excursion / trip	修学旅行	chuyến tham quan học tập
同級生	classmates	同学	bạn học cùng lớp
先進国	developed nation	先进国家	nước tiên tiến
受け入れる	to welcome	迎接、接纳	chấp nhận
ひとしお	exceptional	分外、格外	đặc biệt
都民	residents of Tokyo	东京都市民	cư dân Tokyo
清掃車	garbage truck	清洁车	xe gom rác
回収	collect	回收	thu hồi
バキュームカー	septic pump truck	抽吸式清洁车	xe tải chân không
ハエ	flies	苍蝇	con ruồi
警笛	warning siren	警笛	tiếng còi
条例	regulations / ordinances	条例	quy định
クラクション	klaxon / horn	汽车喇叭	bấm còi xe
規制	regulation	规制、管制	quy định
定着	become fixed	固定	định hình
放出	discharge / release	放出、释放	phun ra
加害者	perpetrator	加害者	người tấn công
排出	exhaust / discharge	排出、排放	thải ra
出所	source / origin	来源	nơi xuất hiện
頻発	frequent occurrence	频发	xảy ra nhiều lần
対応	handle	应对、处理	hỗ trợ, đối ứng
噴出	gush / spout / burst	喷出、大量涌出	phun ra
工学系	engineering	工科	khoa kỹ thuật
原点	origin	原点、出发点	điểm bắt đầu
奇病	rare disease	奇病、罕见的病	căn bệnh lạ
救済	relief / aid	救济、救助	trợ giúp
表記	write	记载、表示	hiển thị
しびれる	to become numb	发麻、麻木	tê liệt
もうろう	opaque / cloudy / fuzzy	昏沉、模糊不清	mập mờ
保健所	public health center	保健所	trung tâm chăm sóc sức khỏe
不明	unclear	不明、不清楚	không rõ ràng
中枢神経疾患	central nervous system disease	中枢神经疾病	bệnh về hệ thần kinh trung ương
多発	epidemic	频发	phát sinh nhiều
発生	occur	发生	gây ra
報じる	to report	报道	thông báo

	日本語	英語	中国語	ベトナム語
	行政	public administration	行政	hành chính
	従事	be engaged in / practice	从事	làm việc
	感染症	infectious disease	传染病	bệnh truyền nhiễm
	隔離	quarantine	隔离	cách ly
	発病	outbreak of a disease	发病	phát bệnh
	遺伝病	hereditary disease	遗传疾病	bệnh di truyền
	究明	determine	查明	điều tra
	メチル水銀 （有機水銀）	methylmercury (organic mercury)	甲基汞(有机水银)	methyl thủy ngân (thủy ngân hữu cơ)
	塩化ビニール	vinyl chloride	聚氯乙烯	vinyl clorua
	可塑剤	plasticizer / plasticizing agent	塑化剂	chất làm dẻo
	加工	process / treatment	加工	gia công
	シェア	share	份额	chia sẻ
	触媒	catalyst	触媒、催化剂	chất xúc tác
	硫酸第二水銀 （無機水銀）	mercuric sulfate (inorganize mercury)	硫酸汞(无机水银)	thủy ngân(II) sunfat (thủy ngân vô cơ)
	排水	discharged water	排水	thoát nước
	メカニズム	mechanism	机制	cơ chế
	解明	clarify / elucidate / make clear	查明、弄清	làm rõ
	城下町 [企業城下町]	castle town [company town]	城邑(这里指以某家企业为中心发展的城区)	thị trấn cổ (thị trấn cổ doanh nghiệp)
	お殿様	a master	老爷、大人	lãnh chúa phong kiến
	大名	a daimyo feudal lord	对江户时代俸禄在1万石以上的领主的称呼	lãnh chúa
	旗本	a direct retainer of the shogun	对江户时代直属于将军、俸禄在1万石以下的武士的称呼	chư hầu dưới trướng Shogun
	要請	demand	请求	yêu cầu
	拒否	refuse / reject	拒绝	phản đối
	貯水槽	cistern / water storage tank	储水槽	bể nước
	沈殿	precipitate / deposit	沉淀、沉积	lắng cặn
	沿岸	the coast	沿岸	bờ biển
	確定	finalize	确定	xác định
	賠償	reparations / compensation	赔偿	bồi thường
	業務上過失致死傷	professional negligence resulting in injury and/or death	职务过失致人伤亡	sơ suất nghề nghiệp dẫn đến tử vong và thương tích
	起訴	prosecute / indict	起诉	khởi tố
	有罪	guilt	有罪	có tội
内容理解	不明瞭	indistinct	不明确、不清楚	không rõ ràng
	増加	increase	增加	gia tăng
	活性化	activate	活性化	kích hoạt
	誘致	attract	引进、招徕	thu hút

	日本語	英語	中国語	ベトナム語
	認定 にんてい	official acknowledge	认定、承认并确定	nhận định
	隠蔽 いんぺい	cover up / conceal	隐瞒、掩盖	che giấu
考える1	取り巻く とり ま	surrounding	围绕	xung quanh
	土壌 どじょう	soil	土壤	thổ nhưỡng
	体調 たいちょう	physical condition	身体状况	tình trạng cơ thể
	遂げる と	accomplish / achieve	完成、实现	đạt được
	引き起こす ひ お	cause	引起、引发	dẫn đến
	事実 じじつ	facts / actuality	事实	sự thật
読む❷	持続 じぞく	sustain	持续	duy trì
	キーワード	keyword	关键词	từ khóa
	概念 がいねん	concept / idea	概念	khái niệm
	開発 かいはつ	develop	开发	phát triển
	定義 ていぎ	definition	定义	định nghĩa
	相反する あいはん	run counter to each other	互相冲突	bất đồng
	共存 きょうぞん	coexistence	共存、共处	cùng tồn tại
	保全 ほぜん	preservation / conservation	保护、维护	bảo vệ
	来歴 らいれき	origin / history	来历	lai lịch, nguồn gốc
	先進国 せんしんこく	developed nation	先进国家	nước tiên tiến
	顕在化 けんざいか	become apparent	表面化	biểu hiện, biểu lộ
	遂げる と	accomplish / achieve	完成、实现	đạt được
	発生 はっせい	occur	发生	gây ra
	優先 ゆうせん	preferred / prioritized	优先	ưu tiên
	推し進める お すす	to go ahead with / to promote	推进	thúc đẩy
	損なう そこ	to hurt / damage	损害、伤害	làm hại
	激甚 げきじん	severe / intense	非常严重、激烈	trầm trọng
	大規模 だいきぼ	large-scale	大规模	quy mô lớn
	開催 かいさい	hosting	举办、召开	tổ chức
	枯渇 こかつ	dry up	枯竭	cạn kiệt
	増加 ぞうか	increase	增加	gia tăng
	懸念 けねん	concern	担忧、担心	nỗi lo lắng
	途上国 とじょうこく	developing nation	发展中国家	nước đang phát triển
	繁栄 はんえい	prosperity	繁荣	phồn vinh
	配慮 はいりょ	consideration / attention	照顾、关注	quan tâm
	抑える おさ	to restrain / control / curb	控制、压制	hạn chế
	受け入れる う い	to welcome	迎接、接纳	chấp nhận
	雇用 こよう	employment	雇用、就业	tuyển dụng
	貧困 ひんこん	poverty	贫困	nghèo khó
	保護 ほご	protect	保护	bảo vệ
	均等 きんとう	equality / parity	均等	bình đẳng
	原則 げんそく	fundamental principle	原则	nguyên tắc
	国連憲章 こくれんけんしょう	the United Nations Charter	联合国宪章	Hiến chương Liên Hợp Quốc
	世界人権宣言 せかいじんけんせんげん	the Universal Declaration of Human Rights	世界人权宣言	Tuyên ngôn Quốc tế Nhân quyền

日本語	英語	中国語	ベトナム語
明記 めい き	specify / clearly write / state	载明	chỉ rõ
破壊 は かい	demolish / destroy	破坏	phá hoại
支障 し しょう	obstacle / impediment	障碍、麻烦	gây trở ngại
資金 し きん	capital / funds	资金	tiền vốn
良好 りょうこう	good / favorable	良好	tốt đẹp
両輪 りょうりん	an inseparable pair	两轮(比喻两者相辅相成、缺一不可)	tính cân bằng
実践 じっせん	put into practice	实践	thực tiễn
優先 ゆうせん	preferred / prioritized	优先	ưu tiên
なおざり	negligence	忽视、轻视	coi nhẹ
取り組む と く	to act on	致力解决、下大力气做	thực hiện
規制 き せい	regulation	规制、管制	quy định
鉛 なまり	lead	铅	chì
削減 さくげん	reduce	削减	cắt giảm
不具合 ふ ぐ あい	malfunction / poor functioning	不良状态、故障	lỗi
排気ガス はい き	exhaust gases	废气	khí thải
人体 じんたい	the human body	人体	cơ thể
有害 ゆうがい	detrimental	有害	có hại
無鉛化 む えん か	lead-free	无铅化	không chứa chì
達成 たっせい	achieve	达成	đạt được
上回る うわまわ	exceed / surpass	超出	vượt quá
取り組み と く	initiative	措施、对策	thực hiện
成果 せい か	result / outcome	成果	thành quả
推進 すいしん	promote	推进	thúc đẩy
農林水産省 のうりんすいさんしょう	Ministry of Agriculture, Forestry and Fisheries	农林水产省	Bộ Nông nghiệp, Lâm nghiệp và Thủy sản Nhật Bản
提唱 ていしょう	advocate / propose	提倡、提出	đề xuất
生かす い	revive / resuscitate	有效利用、发挥优势	tận dụng
調和 ちょうわ	harmony / reconciliation	协调、和谐	hài hòa
留意 りゅう い	attention / heed	留意、注意	lưu ý
肥料 ひ りょう	fertilizer	肥料	phân bón
負荷 ふ か	load	负担	gánh nặng
軽減 けいげん	reduce	减轻	giảm nhẹ
土壌 ど じょう	soil	土壤	thổ nhưỡng
提供 ていきょう	offer / propose	提供	cung cấp
認定 にんてい	official acknowledge	认定、承认并确定	nhận định
堆肥 たい ひ	compost / manure	堆肥	bón phân
支援 し えん	support	支援、援助	hỗ trợ
着実に ちゃくじつ	steadily	扎实地、稳健地	vững chắc
減少 げんしょう	decrease	减少	giảm
放棄 ほう き	give up / abandon	放弃	từ bỏ
不備 ふ び	deficiency / inadequacy	不完备、不完善	không hoàn chỉnh
掲げる かか	to set (the goal)	提出(主义、方针等)	nêu lên

	日本語	英語	中国語	ベトナム語
内容理解	人材 （じんざい）	human resources	人才	nhân tài
	解消 （かいしょう）	annul / cancel	消除	giải quyết
考える❷	リゾート	resort	度假胜地	khu nghỉ dưỡng
	施設 （しせつ）	facility	设施	thiết bị
	悪化 （あっか）	deteriorate / get worse	恶化	trở nên xấu đi
	予想 （よそう）	expect / anticipate	预计、预料	dự báo
考えるヒント	持続 （じぞく）	sustain	持续	duy trì
	幕府 （ばくふ）	the shogunate government	幕府	Mạc Phủ
	流入 （りゅうにゅう）	inflow / influx	流入、进入	dòng vào
	増加 （ぞうか）	increase	增加	gia tăng
	最盛期 （さいせいき）	golden age	全盛时期	thời đại hoàng kim
	物資 （ぶっし）	raw materials / commodities	物资	vật tư
	限定 （げんてい）	limit / restriction	限制(范围、数量等)	sự giới hạn
	最大限 （さいだいげん）	maximum	最大限度	tối đa
	衣食住 （いしょくじゅう）	housing, food, and clothing	衣食住、生活基础	nhu cầu ăn mặc ở
	多種多様 （たしゅたよう）	variety and diversity	多种多样	đa dạng và phong phú
	リサイクル	recycle	回收利用	tái chế
	副産物 （ふくさんぶつ）	by-product	副产品、副产物	sản phẩm phụ
	稲藁 （いなわら）	rice straw	稻粳、稻草	rơm
	藁草履 （わらぞうり）	straw sandals	稻草鞋	dép rơm
	蓑笠 （みのかさ）	straw rain cape and hat	蓑笠	mũ cói và áo choàng rơm
	燃料 （ねんりょう）	fuel	燃料	nhiên liệu
	堆肥 （たいひ）	compost / manure	堆肥	bón phân
	肥料 （ひりょう）	fertilizer	肥料	phân bón
	染色 （せんしょく）	dyeing	染色	nhuộm màu
	製糸 （せいし）	yarn manufacturing	制丝、纺纱	công nghiệp dệt
	酒造 （しゅぞう）	sake production	酿酒	sản xuất rượu
	製紙 （せいし）	paper manufacturing	造纸	sản xuất giấy
	自発的 （じはってき）	voluntary	自发的、自动的	mang tính tự phát
	当初 （とうしょ）	at first	当初	ngay từ khi
	再三にわたり （さいさん）	over and over	再三、反复	lặp đi lặp lại
	投棄 （とうき）	dump / dispose	丢弃	vứt bỏ
	禁令 （きんれい）	prohibition	禁令	lệnh cấm
	投棄場 （とうきば）	dump site	丢弃场所	nơi vứt bỏ
	定まる （さだ）	to stipulate	确定、明确	được quy định
	自治体 （じちたい）	local government	日本地方政府	chính quyền địa phương
	システム	system	系统、体系、制度	hệ thống
	行政 （ぎょうせい）	public administration	行政	hành chính
	規制 （きせい）	regulation	规制、管制	quy định
	需給 （じゅきゅう）	supply and demand	供求、供给和需求	cung và cầu
	強制 （きょうせい）	force / compel	强制	cưỡng chế
	頭文字 （かしらもじ）	initials	首字母	kí tự đầu tiên

日本語	英語	中国語	ベトナム語
持続 じぞく	sustain	持续	duy trì
開発 かいはつ	develop	开发	phát triển
国連（国際連 こくれん こくさいれん 合） ごう	the United Nations	联合国	Liên Hợp Quốc
採択 さいたく	adopt (a proposal)	采纳、通过	thông qua
アジェンダ	agenda	议题	chương trình nghị sự
貧困 ひんこん	poverty	贫困	nghèo khó
飢餓 き が	hunger / starvation	饥饿	nạn đói
雇用 こよう	employment	雇用、就业	tuyển dụng
イノベーション	innovation	创新、革新	sự đổi mới
変動 へんどう	change	变动	biến đổi
広範 こうはん	extensive / widespread	广泛	rộng rãi
取り残す と のこ	to leave behind	落伍、淘汰	bỏ lại đằng sau
自治体 じ ち たい	local government	日本地方政府	chính quyền địa phương
指針 し しん	guiding principle	指针、方针	phương châm

5章

自分でつくるキャリア

	日本語	英語	中国語	ベトナム語
読む❶	キャリア	career	职业、职业生涯	sự nghiệp
	定年 ていねん	retirement age	退休、退休年龄	tuổi nghỉ hưu
	取締役専務執 とりしまりやくせんむしっ 行役員 こうやくいん	Director and Senior Managing Executive Officer	董事专务执行干部	Thành viên hội đồng quản trị kiêm giám đốc điều hành
	開発 かいはつ	development	开发	phát triển
	生え抜き はえぬき	a lifelong employee (of a single company)	土生土长(这里指自工作以来始终在同一家公司发展)	chính cống
	稀有 けう	rare / unusual	稀有、罕见	hy hữu
	人一倍 ひといちばい	more than others	比别人加倍	nỗ lực gấp đôi người thường
	エンジニア	engineer	工程师	kỹ sư
	広報 こうほう	public relations	宣传、公关	quan hệ công chúng
	配属 はいぞく	be assigned to	分配(工作)	điều phối
	デモンストレーション	demonstration	展示	thuyết minh
	上司 じょうし	boss / supervisor	上司、上级	cấp trên
	念願 ねんがん	cherished desire	心愿、宿愿	nguyện vọng
	残業 ざんぎょう	overtime	加班	làm thêm giờ
	伍す ご	to be ranked with / to have a place among	与……为伍、比肩	đứng vào hàng
	競い合う きそ あ	to compete with / against	互相比赛	cạnh tranh với nhau
	退社 たいしゃ	quit / leave a company	下班	tan sở
	やり過ごす す	let (something) pass	等……过去、等不利的状态结束	vượt qua
	キャリアアップ	career enhancement / advancement	晋升、职业上台阶	thăng chức
	没頭 ぼっとう	immersion	埋头、专心致志	vùi mình
	一心 いっしん	genuine desire	专心、一心一意	quyết tâm
	マーケティング	marketing	市场营销	marketing
	異動 いどう	personnel transfer	(职务、工作)变动、调动	điều chuyển
	意に沿う い そ	follow one's will	合乎心愿	theo ý muốn
	ウツ	depression	抑郁	trầm cảm
	陥る おちい	to fall / stumble / lapse into	陷入	rơi vào
	優等生 ゆうとうせい	honor roll student	优等生	học sinh giỏi
	風向き かざむ	wind direction	风向、形势	xu thế
	ボス	boss / supervisor	老板、上级	sếp
	転機 てんき	turning point	转机、转折点	bước ngoặt
	ポジション	position (at work)	职位	chức vụ
	志 こころざし	aspiration	志向	ý muốn
	役員 やくいん	officer	董事、负责人	người điều hành
	つり上がる あ	to lift / raise	抬高	nâng lên

	日本語	英語	中国語	ベトナム語
	ステップ	step	阶梯、阶段	bước đi
	年表	chronological table	年表	niên biểu
	達成	achievement	达成、完成	đạt được
	視界	field of vision	视野	tầm nhìn
	現状	present situation	现状	tình hình hiện tại
	ポジティブ	positive	积极	tích cực
	捉える	to grasp	把握、领会	nắm bắt được
	見つめなおす	rethink / re-evaluate	重新审视	xem lại
	目線	point of view	视线	quan điểm
	スイッチがオンになる	turning on a switch	接通开关(比喻精神振作、劲头十足)	bật công tắc
	鵜呑み	blindly accept	囫囵吞枣(未充分理解就全盘接受别人的看法或主意)	chấp nhận
	ビジョン	vision	愿景	tầm nhìn
	タイミング	timing	时机	thời điểm
	仕組み	system	构造、结构	cơ cấu
	キャッチ	catch	捕捉、抓住	nắm bắt
	見逃す	miss	看漏、放过	bỏ sót
	悩み	worry	烦恼	khó khăn
	もがく	struggle	焦急、挣扎	vật lộn, đấu tranh
	地平	horizon	地平线	chân trời
	ガーデニング	gardening	园艺	làm vườn
	ゴルフ	golf	高尔夫	gôn
	無心	detachment	专心致志、心无旁骛	vô tư
	至福	bliss	无上幸福	vui sướng nhất
	専業主婦	stay-at-home wife / full-time housewife	专业主妇	phụ nữ nội trợ
	グチ（愚痴）	grumble / complain	牢骚、抱怨	than thở
	前兆	omen / premonition	前兆、兆头	dấu hiệu
	飛躍	leap	飞跃	bước nhảy vọt
	めげる	to succumb to / to surrender to	气馁、泄气	chùn bước
	経る	go throuhg / pass through	经历、经过	trải qua
	退職	quit / leave a company	退职	nghỉ việc
	NPO法人	incorporated non-profit organizaiton	非营利组织(NPO)法人	NPO
	理事長	Board Chair	理事长	Tổng Giám Đốc
	会長	Chairman of the Board	会长(日本公司中位居总经理以上的职务)	Chủ tịch
	～兼	concurrently	兼任~	kiêm ~
	名誉会長	Honorary Chairman	名誉会长	Chủ tịch danh dự
	退任	step down from a position	离任	từ chức
内容理解	勤務	work / duty / service	工作	làm việc
	昇進	promotion / advancement	晋升、升迁	thăng tiến

	日本語	英語	中国語	ベトナム語
	部署	department / duty station / office	部门、岗位	vị trí
考える1	背景	background / backdrop	背景	bối cảnh
読む❷	キャリア	career	职业、职业生涯	sự nghiệp
	（キャリア）観	career view	(职业)观	quan điểm (sự nghiệp)
	形成	form / shape	形成	xây dựng
	生かす	make use of / resuscitate	有效利用、发挥优势	tận dụng
	おおむね	generally	大概、大致	nói chung, đại khái
	適職	appropriate job / suitable occupation	合适的职业	công việc phù hợp
	親方	supervisor / boss	师傅、工头	người lãnh đạo
	成果	result / outcome	成果	thành quả
	主流	the mainstream	主流	xu thế chủ đạo
	市場	market	市场	thị trường
	流動性	liquidity	流动性	tính lưu động
	転職	changing jobs	换工作	chuyển việc
	一変	a complete change	完全改变	hoàn toàn thay đổi
	様相を呈する	to show signs of	呈现……状况	thể hiện khía cạnh
	共有	share	共有、共享	cùng nhau trao đổi
	背景	background / backdrop	背景	bối cảnh
	系列	an interlocking corporate group	系列、系统	hệ thống
	従業員	employee / worker	员工	nhân viên
	投資	investment	投资	đầu tư
	プロセス	process	过程	quy trình
	リエンジニアリング	reengineering	重组、再造	tái công nghệ
	（中間管理）層	middle management layer	(中间管理)层	tầng lớp (quản lý cấp trung)
	余剰	surplus / remainder	多余、过剩	dư thừa
	ダウンサイジング	downsizing	裁员	giảm biên chế
	人員削減策	workforce reduction measures	人员削减政策	biện pháp cắt giảm nhân sự
	解雇	dismissal / redanduncy	解雇	sa thải
	自責の念	feel remorse	自责之念	cắn rứt lương tâm
	とらわれる	to be seized by remorse	囿于、局限于	bị bế tắc
	依存	dependence / reliance	依赖	phụ thuộc
	上昇	increase	上升、提升	tăng lên
	好不況	boom-and-bust	景气好坏	kinh tế thịnh vượng hoặc suy thoái
	リストラ	downsizing	裁员	tái cơ cấu
	従来	until now	从来、以往	từ trước đến giờ
	退職	quit / leave a company	退职	nghỉ việc
	発生	occur	发生	phát sinh

日本語		英語	中国語	ベトナム語
	絶好 (ぜっこう)	splendid / best	绝好、绝佳	tuyệt vời
	逆算 (ぎゃくさん)	count backwards	倒算	đếm ngược
	定める (さだ)	to identify / to determine	确定、决定	xác định
	予想 (よそう)	anticipate / forecast	预计、预料	dự báo
	追求 (ついきゅう)	pursue	追求	theo đuổi
	提供 (ていきょう)	offer	提供	cung cấp
	事柄 (ことがら)	matter / affair	事情、事态	bản chất của sự việc
	所属 (しょぞく)	affiliation	所属	thuộc về
	売却 (ばいきゃく)	sell off	出售	thanh lý
	成し遂げる (な と)	succeed in / pull off / carry out	完成、达到	hoàn thành
	ポスト	position (at work)	职位、岗位	bài báo
	達成 (たっせい)	achievement	达成、完成	đạt được
	薬剤師 (やくざいし)	pharmacist	药剂师	dược sĩ
	車いす (くるま)	wheelchair	轮椅	xe lăn
	フレキシビリティ	flexibility	灵活性、弹性	tính linh hoạt
	第三者 (だいさんしゃ)	third party	局外人、当事人以外的人	bên thứ ba
	人事屋 (じんじや)	human resources staff	人事部门职员、管人事的	nhân viên nhân sự
	営業マン (えいぎょう)	salesperson	销售部门职员、销售员	nhân viên kinh doanh
内容理解	定義 (ていぎ)	definition	定义	định nghĩa
	不景気 (ふけいき)	bad economy / recession	不景气、萧条	khủng hoảng kinh tế
	見舞われる (みま)	to be struck by X / to be visited by X	遭受(灾难)、(不幸)到来	trải qua
	人員 (じんいん)	staff	人员	nhân viên
	過剰 (かじょう)	surplus / remainder	过剩	vượt quá
	要請 (ようせい)	demand	要求	yêu cầu
	システム	system	系统、体系、制度	hệ thống
	定年 (ていねん)	retirement age	退休、退休年龄	tuổi nghỉ hưu
	保育士 (ほいくし)	childcare worker	保育士、保育员	giáo viên mầm non
	資格 (しかく)	qualification	资格	tư cách
	取得 (しゅとく)	acquire	取得、获得	lấy được
	もたらす	to bring	带来、导致	gây ra
	そもそも	originally / in the first place	说起来、原来	ngay từ đầu
考える2	共感 (きょうかん)	empathy	同感、共鸣	đồng cảm
考えるヒント	両立 (りょうりつ)	coexist	两立、平衡、兼得、兼顾	cùng tồn tại
	プライベート	private	私生活	cá nhân
	育休(育児休暇) (いくきゅう いくじきゅうか)	childcare leave	育儿休假	nghỉ chăm con
	パートナー	partner	配偶、伴侣	bạn đời
	拒絶反応 (きょぜつはんのう)	a strong reaction against X	排斥反应	phản ứng thải ghép
	専業主婦 (せんぎょうしゅふ)	stay-at-home wife / full-time housewife	专业主妇	phụ nữ nội trợ
	願望 (がんぼう)	desire	愿望、心愿	nguyện vọng

日本語	英語	中国語	ベトナム語
背景 はいけい	background / backdrop	背景	bối cảnh
キャリア	career	职业、职业生涯	sự nghiệp
側面 そくめん	aspect	方面	khía cạnh
パートナーシッ プ	partnership	伙伴关系	mối quan hệ vợ chồng
好機 こうき	a good / golden opportunity	好机会、良机	cơ hội tốt
訪れる おとず	visit	到来、来临	đến
とらえる	to grasp	把握、领会	bắt lấy

6章

貿易とグローバル化

日本語	英語	中国語	ベトナム語
優位	superiority / advantage	优势地位	ưu thế
希少	scarce / rare	稀少、稀缺	hiếm hoi
環太平洋パートナーシップ協定	Trans-Pacific Partnership Agreement	跨太平洋伙伴关系协定	Hiệp định đối tác xuyên Thái Bình Dương
経済連携協定	Economic Partnership Agreement	经济伙伴关系协定	Hiệp định hợp tác kinh tế
円滑	frictionless / smooth	顺利、圆满	thuận lợi
調和	agreement	协调、和谐	hài hòa
投資	investment	投资	đầu tư
領域	domain	领域	khu vực
賛否	approval or disapproval	赞成与否、赞成和反对	tán thành và phản đối
政策	policy measures	政策	chính sách
昨今	these days / recently	近来、最近	gần đây
報道	media reports	报道	báo cáo
そもそも	originally / in the first place	究竟、到底	ngay từ đầu
要因	main cause	主要原因、主要因素	nguyên nhân chính
提示	present	提示	đề xuất
概念	concept / idea	概念	khái niệm
キーワード	keyword	关键词	từ khóa
大雑把	rough / crude	大概、大致	khái quát
効率	efficiency	效率	năng suất
後述	the below mentioned	后述、以后讲述	nói dưới đây
直感	intuition	直觉	trực giác
秘書	a personal secretary	秘书	thư ký
専念	concentration / undivided attention	专心、一心一意	tập trung
数値	numerical value	数值	giá trị số
理屈	reason / logic	理论、道理	logic
分業	division of labor	分工	phân công
財	goods	财产、财富、对人有用之物	tài sản
メカニズム	mechanism	机制	cơ chế
若干	slightly	多少、若干	một chút
毛織物	wool fabric / textiles	毛织品	hàng dệt
振り分ける	apportion / distribute	分配、指派	phân bổ
逆数	reciprocal / the inverse	倒数	số nghịch đảo
値	value	数值	giá trị
表記	write	记载、表示	ghi lại
特化	specialized	专门(用于、从事)	chuyên môn hóa
両材	both materials	两种物资	hai nguyên liệu
秀でる	to surpass / to excel	优秀、擅长	vượt trội

	日本語	英語	中国語	ベトナム語
	悩み	worry	烦恼	khó khăn
	視点	point of view / viewpoint	观点、角度	quan điểm
	生かす	make a good use / resuscitate	有效利用、发挥优势	tận dụng
内容理解	業務	work	工作、业务	nghiệp vụ
考える1	分担	allot / apportion	分担	chia sẻ công việc
	推進	promote	推进	thúc đẩy
読む❷	グローバル	global	全球的	toàn cầu
	規模	scale / scope	规模	quy mô
	進展	develop	进展、发展	tiến triển
	（言い）尽くす	to tell the fully story / to discuss all details	(说)尽	mô tả (nói)
	略歴	a brief overview (of history/ one's career, etc.)	简历、大概历程	tóm tắt lịch sử
	関税	customs duties / tariffs	关税	thuế quan
	非関税障壁	nontariff barrier	非关税壁垒	hàng rào phi thuế quan
	煩雑	complicated / involved	烦杂、麻烦	phức tạp
	保護	protect / safeguard	保护	bảo vệ
	両極	both extremes	两级、两个极端	hai cực
	バリエーション	variation	变种、变化	biến thể
	第二次世界大戦	World War II	第二次世界大战	chiến tranh thế giới thứ hai
	要因	main cause	主要原因、主要因素	nguyên nhân chính
	恐慌	panic	(经济)恐慌、危机	khủng hoảng
	優先	preference / priority	优先	ưu tiên
	排他的	exclusive / clannish	排他的	riêng biệt
	築く	to build / construct / raise	修筑、构筑	xây dựng
	行き詰まる	to reach a stalemate / impasse / dead end	走投无路、停滞不前	bị bế tắc
	戦後	after the war	战后(特指二战以后)	sau chiến tranh
	政策	policy measures	政策	chính sách
	促進	promote / accelerate / hasten	促进	thúc đẩy
	冷戦	cold war	冷战	chiến tranh lạnh
	増加	increase	增加	gia tăng
	革新	reform / renovate / revolutionize	革新、创新	cách mạng
	加速度的	accelerating	加速度的	nhanh chóng
	進行	progress	进展	tiến độ
	初頭	the beginning	初叶、初期	sự bắt đầu
	特化	specialized	专门(用于、从事)	chuyên môn hóa
	唱える	recite / chant	提出、倡导	tuyên bố
	側面	aspect	方面、(事物的)另外一面	khía cạnh
	経緯	development / background	事情的经过、原委	cụ thể, chi tiết
	被る	to suffer	蒙受、遭受	chịu
	撤廃	annul / revoke / repeal	撤销、废除	bãi bỏ

	日本語	英語	中国語	ベトナム語
	活性化	activate	活性化	kích hoạt
	安価	low price	廉价	giá rẻ
	生む	to cause	产生	tạo ra
	従事	engage in business / pursue an occupation	从事	theo đuổi
	衰退	atrophy / degrade	衰退	suy thoái
	携わる	engage in / involved in	从事、参与	làm việc
	躊躇	hesitation / indecision	踌躇、犹豫	do dự
	生み出す	to bring about / to bring forth	产生出、创造出	tạo ra
	規制	regulation / control	规制、管制	quy định
	緩和	easing	放宽、放松	nới lỏng
	加盟国	member state	加盟国	quốc gia thành viên
	東欧	Eastern Europe	东欧	Đông Âu
	ニーズ	needs	需求、需要	nhu cầu
	合致	(exact) agreement	一致、符合	đáp ứng
	活力	vitality / vigor	活力	năng lượng, sức sống
	移民	migrants	移民	dân nhập cư
	流入	inflow / influx	流入、进入	dòng vào
	トラブル	trouble	问题、纠纷	rắc rối
	溶け込む	assimilate / integrate	融入、融洽	hòa nhập
	孤立	isolation / helplessness	孤立	cô lập
	(問題を)生む	to give birth to a problem	产生(问题)	phát sinh (vấn đề)
	(大統領)選	(presidential) election	(总统)竞选	bầu cử (Tổng thống)
	離脱	secession / exit	脱离	rút khỏi
	大筋	outline / overview	大概、概略	đại khái
	推し進める	to push ahead with / move ahead with	推进	thúc đẩy
	拒否	refuse / reject	拒绝	phản đối
	抑制	control / restrain	控制、抑制	kiềm chế
	排斥	reject / expel	排斥	trục xuất
	衝撃	impact / shock	冲击、(精神上的)打击	tác động, va chạm
	強まる	to strengthen	增强、加强	tăng lên
	排外	anti-foreign	排外	bài ngoại
内容理解	学説	theory / doctrine	学说	học thuyết, lý thuyết
	先進国	developed nation	先进国家	nước tiên tiến
	多様	diverse	多种多样	đa dạng
	支援	support	支援、援助	hỗ trợ
	納税	tax payment	纳税	nộp thuế
	架け橋	a (suspension) bridge	桥梁	cầu nối
	人材	human resources	人才	nhân tài
	分断	divide / split into sections	分割、分裂	chia cắt
考えるヒント	志す	to aspire to/for	立志	mong muốn
	愚か	foolish	愚蠢、糊涂	ngu ngốc

日本語	英語	中国語	ベトナム語
行為	actions	行为、行动	hành vi
世界大戦	world war	世界大战	chiến tranh thế giới
背後	the back / rear	背后、幕后	đằng sau
絡む	to become entangled with	牵涉	liên quan
不況	depression / slump / recession	(经济)不景气	suy thoái kinh tế
販路	market / outlet	销路	thị trường tiêu thụ
領土	territory / domain	领土	lãnh thổ
国益	national interest	国家利益	mối quan tâm quốc gia
根っこ	roots	根本、根基	sâu xa
効率	efficiency	效率	năng suất
追求	pursuit	追求	theo đuổi
貧困	poverty / destitution	贫困	nghèo khó
追放	evict / expel	驱除、肃清	đẩy lùi
所得格差	income gap / differential	收入差距	bất bình đẳng thu nhập
不景気	bad (economic) times	(经济)不景气	khủng hoảng kinh tế
失業	becoming unemployed / losing one's job	失业	thất nghiệp
インフレ（インフレーション）	inflation	通胀(通货膨胀)	lạm phát
デフレ（デフレーション）	deflation	通缩(通货紧缩)	giảm phát
行き届く	to be prudent / thorough	周到、无微不至	cẩn thận, kỹ lưỡng
最たる	the best, the worst	最甚的	đáng chú ý
民族	ethnic groups	民族	dân tộc
恐慌	panic	(经济)恐慌、危机	khủng hoảng
第二次世界大戦	World War II	第二次世界大战	chiến tranh thế giới thứ hai
理論	theory	理论	lý thuyết, học thuyết
未然に	before (something) happens	未然、事态尚未形成时	trước khi xảy ra
背後	the back / rear	背后、幕后	đằng sau
いかに	how / in what way	如何、怎么样	thế nào

7章 フェア？ アンフェア？

	日本語	英語	中国語	ベトナム語
	フェア	fair	公平	công bằng
	アンフェア	unfair	不公平	bất công
	路上	on the street	路上	trên đường phố
	外科医	surgeon	外科医生	bác sĩ phẫu thuật
	重症	serious condition	重伤	bệnh nặng
	身元	one's identity	身份	tiểu sử
	即死	instant death	当场死亡	chết ngay lập tức
読む❶	時折	sometimes	有时、偶尔	thỉnh thoảng
	クルーズ	cruise	游船	chuyến đi chơi trên biển
	バブル景気	bubble economy	泡沫景气	nền kinh tế bong bóng
	真っ只中	right in the middle	最盛的时候、正当中	ở giữa
	空前	unprecedented	空前	chưa từng có
	ブーム	boom	热潮、流行	bùng nổ
	熟年	mature	中老年	tuổi trưởng thành
	社交的	sociable	喜欢交际的、善于交际的	hòa đồng
	和む	to be friendly / relax	平静、和谐	thư giãn
	他方	on the other hand	另一方面	mặt khác
	無口	reserved / quiet	沉默寡言	ít nói
	最小限	minimum / minimal	最小限度	tối thiểu
	交わす	exchange	交流、交换	trao đổi
	バーベキュー	BBQ	野餐烧烤	tiệc nướng ngoài trời
	ヤシ	coconut tree	椰子	cây dừa
	木陰	a tree's shade	树荫	bóng cây
	簡易	temporary	简易	giản dị
	トレイ	tray	碟子、盘子	khay
	コンロ	stove	炉灶	bếp
	スタッフ	staff	工作人员	nhân viên
	トロピカルフルーツ	tropical fruits	热带水果	trái cây nhiệt đới
	所狭しと	packed with	空间狭小拥挤、逼仄	chứa đầy
	着席	take a seat	落座	ngồi
	ガイド	guide / tour guide	导游	người hướng dẫn
	初動	initial response	初始行动	chuyển động ban đầu
	最後尾	rearmost	队尾	cuối hàng
	人影	people	人影	bóng người
	ポツンと	in splendid isolation	孤零零地	tách biệt
	脳裏	one's mind / memory	脑海里	tâm trí
	(脳裏を)よぎる	to cross (one's mind)	掠过(脑海)	thoáng qua
	切り替える	to change / switch	转换、切换	chuyển qua

日本語	英語	中国語	ベトナム語
黙々と	silently / quietly	默默、不声不响	im lặng
早業	quick work / lightning fast	神速妙法	làm nhanh
見回す	look around	环视	nhìn quanh
悠然	leisurely / deliberate	悠然、不慌不忙	điềm tĩnh
横目で	sidelong glance	侧视	liếc mắt
所作	conduct / behavior	举止、动作	thái độ, hành vi
克明に	scrupulously / deliberately	鲜明地	trung thực
憤る	to be incensed / to be furious about	气愤、愤慨	tức giận
苛立つ	to get irritated / to get agitated	焦躁、烦躁	bực bội
嘲る	to deride / to mock	嘲笑、讥讽	chế giễu
何様	Who do you think you are?	(多带讽刺意味)某位、大人物、老爷	thế nào
心情	one's feelings	心情	tâm tình
行為	act	行为、行动	hành động, hành vi
好奇	curiosity	好奇	tò mò, hiếu kỳ
視線	gaze / eyes	视线	ánh mắt
耐える	to endure / to tolerate	忍受、忍耐	chịu đựng
鈍感	obtuse / insensitive	感觉迟钝	ngu ngốc
さらす	to expose to	暴露、让众人清楚看到	phơi ra
日頃	usually / habitually	日常	thông thường
ジェンダー	gender	性别	giới tính
自覚	self-consciousness / self-awareness	自觉、自知	tự nhận thức
演じる	to act / to put on a show	扮演	diễn
道理	common sense / reason	道理、事理	hợp lý
こだわり	put special care into	讲究、拘泥	phong cách
滑稽	ludiculous / ridiculous	滑稽、可笑	buồn cười
ツアー	tour	团体旅行	chuyến du lịch
奇異	odd / strange	奇异、奇怪	kỳ lạ
非難	criticism / blame	非难、责难	đổ lỗi, chỉ trích
後世	future generations	后世、将来	thế hệ sau
器	category	容器	khuôn khổ
納まる	to settle in	纳入、收纳	thuộc về
個性	individuality	个性	tính cách
手芸	handicrafts	手工艺	thủ công
正社員	permanent employee	正式员工	nhân viên bình thường
生きがい	reason for living	人生的价值、生活的意义	mục đích sống
戸籍	Family register	户籍	hộ khẩu
厳格	strict / severe	严格	khắt khe
硬直	stiff / rigid	僵化	cứng nhắc
寛容	tolerant / lenient	宽容	khoan dung
柔軟	flexible	有弹性、灵活	linh hoạt

	日本語	英語	中国語	ベトナム語
内容理解	反応 (はんのう)	reaction	反应	phản ứng
	定義 (ていぎ)	definition	定义	định nghĩa
	枠 (わく)	framework	界限、范围	khung
読む❷	パートタイム	part time	钟点工作、兼职	việc làm bán thời gian
	就労 (しゅうろう)	work	就业、工作	làm việc
	就業 (しゅうぎょう)	employment	就业、在业	công việc
	折れ線グラフ (おれせん)	line graph	折线图	biểu đồ đường
	アルファベット	alphabet	罗马字母	bảng chữ cái
	団塊の世代 (だんかい せだい)	baby boomer generation	团块一代(特指日本在1947-49年期间出生、人口密集的一代)	thế hệ bùng nổ dân số
	定着 (ていちゃく)	fixed / established	固定	định hình
	台形 (だいけい)	trapezoid	梯形	hình thang
	専業主婦 (せんぎょうしゅふ)	stay-at-home wife / full-time housewife	专业主妇	phụ nữ nội trợ
	少数派 (しょうすうは)	a minority party	少数派	nhóm thiểu số
	選択肢 (せんたくし)	choices / alternatives / options	选项	lựa chọn
	融通 (ゆうずう)	flexible	灵活、随机应变	linh hoạt
	実態 (じったい)	actual condition / reality	实际情况、实情	thực tế
	業務 (ぎょうむ)	work / duties	业务、工作	công việc
	賃金 (ちんぎん)	pay / wage	工资、薪金	tiền lương
	抑える (おさ)	to restrain / to control	压制、抑制	hạn chế
	保障 (ほしょう)	guarantee / ensure the continued existence of a right	保障	bảo đảm
	待遇 (たいぐう)	treatment	待遇	đãi ngộ
	著しい (いちじる)	distinguished / remarkable	明显的、显著的	đáng chú ý
	昇進 (しょうしん)	promotion	晋升、升迁	thăng tiến
	昇給 (しょうきゅう)	wage increases	提薪、加薪	tăng lương
	残業手当 (ざんぎょうてあて)	overtime pay	加班费	trợ cấp tăng ca
	通常 (つうじょう)	normally / usually	通常、平常	thông thường
	所定 (しょてい)	designated / proscribed	规定、既定	đã quy định
	雇用主 (こようぬし)	employer	雇主	nhà tuyển dụng
	福利厚生 (ふくりこうせい)	welfare / social services	福利待遇	phúc lợi y tế
	正社員 (せいしゃいん)	permanent employee	正式员工	nhân viên bình thường
	産前産後 (さんぜんさんご)	before and after childbirth	产前产后	trước và sau sinh
	雇用 (こよう)	employment	雇用、就业	tuyển dụng
	自在 (じざい)	have control over	自由自在、随意	tự do
	調整弁 (ちょうせいべん)	control / safety valve	调节阀门	van điều tiết
	(低) 賃金 (てい ちんぎん)	(low) wages	(低)工资	tiền lương (thấp)
	格差 (かくさ)	difference / gap	差距、差别	chênh lệch
	厚生労働省 (こうせいろうどうしょう)	Ministry of Health, Labour and Welfare	厚生劳动省	Bộ Y tế, Lao động và Phúc lợi xã hội Nhật Bản
	所定内給与格差 (しょていないきゅうよかくさ)	within a specified salary difference	既定范围工资差别	chênh lệch mức lương trong quy định

	日本語	英語	中国語	ベトナム語
	上昇	increase	上升	tăng lên
	引き下げる	lower / bring down	降低、拉低	giảm xuống
	政策	policy / measures	政策	chính sách
	機構	Institute	机构	cơ quan
	先進国	developed nation	先进国家	nước tiên tiến
	要因	main cause	主要原因、主要因素	nguyên nhân chính
	職階	job classification	职务等级	xếp hạng công việc
	役職	managerial position	管理职位	chức vụ
	勤続	continuous employment / service (to the same employer)	持续工作	làm việc liên tục
	押し下げる	to push down / to force down	压低	đẩy xuống
	管理職	administrative position	管理人员	công việc quản lý
	急務	urgent business	紧急任务、当务之急	nhiệm vụ cấp bách
	相変わらず	as usual / as always	照旧、依旧	không thay đổi
	複合	complex	复合、叠加	phức tạp
	道のり	distance / journey	路程、距离	đường đến
	階級	(social) class	级别	cấp
	推移	transition / change	推移	thay đổi
内容理解	人材	human resources	人才	nhân tài
	同等	on par with / equivalent with	同等	bình đẳng
考えるヒント	正体	true form / true identity	原形、本来面目	bản chất thực
	正社員	permanent employee	正式员工	nhân viên bình thường
	養う	to nurture / to foster	供养、养育	nuôi dưỡng
	定年	retirement age	退休、退休年龄	tuổi nghỉ hưu
	バブル崩壊	collapse of the economic bubble	泡沫经济崩溃	vỡ bong bóng
	リーマンショック	Lehman shock	雷曼事件、次贷危机	sự sụp đổ của Lehman
	年収	annual income	年收入	thu nhập hàng năm
	大幅に	sharply / by a large margin	大幅度地	rất nhiều
	衰退	decay / deteriorate	衰退	suy thoái
	一本道	a single path (no alternatives)	没有分岔、笔直延伸的大道	một đường thẳng
	自体	itself	本身、自身	tự thân
	ステータス	status	社会地位、身份	tình trạng
	根本	root / origin	根本	sâu xa
	絶望	despair / hopelessness	绝望	tuyệt vọng
	成立	come into being / materialize	确立	thành lập
	悩み	worry	烦恼	khó khăn
	プレッシャー	pressure	压力	áp lực
	過労死	death from overwork	过劳死	chết do làm việc quá sức
	生み出す	to bring about / to bring forth	产生出、创造出	tạo ra

日本語	英語	中国語	ベトナム語
<ruby>結婚<rt>けっこん</rt></ruby>（<ruby>難<rt>なん</rt></ruby>）	(marriage) difficulties	(结婚)难	khó khăn (hôn nhân)
<ruby>視点<rt>してん</rt></ruby>	point of view / viewpoint	观点、角度	quan điểm
<ruby>領域<rt>りょういき</rt></ruby>	domain	领域	khu vực
<ruby>嘆<rt>なげ</rt></ruby>く	to grieve for / to mourn for	慨叹、哀叹	than thở
<ruby>好転<rt>こうてん</rt></ruby>	a change for the better	好转	diễn ra tốt đẹp

いのちと科学

日本語	英語	中国語	ベトナム語
安楽死	euthanasia	安乐死	cái chết nhẹ nhàng
尊厳死	death with dignity (voluntary euthanasia)	尊严死	cái chết có tôn nghiêm
合法	legality	合法	hợp pháp
訪れる	to come / to call upon / to arrive	到来、来临	đến
自発呼吸	spontaneous (respiration)	自发(呼吸)	hơi thở tự nhiên
鼓動	heartbeat	跳动	nhịp tim
受け入れる	to be accepted into	接纳、接受	chấp nhận
人工呼吸	artificial respiration	人工呼吸	Thông khí nhân tạo
心肺蘇生	CPR (cardio-pulmonary re-suscitation)	心肺复苏	hồi sức tim phổi
昇圧剤	vasopressor	升压剂	thuốc tăng huyết áp
投与	administer (medicine)	投药、给药	cho uống
(栄養)チューブ	(feeding) tube	(营养)管	ống (dinh dưỡng)
輸液	transfusion	输液	truyền dịch
つなぎとめる	to save	维系、勉强维持	giữ lại
一命をとりとめる	to be saved from the drink of death	保住性命	được cứu sống
復帰	return / come back	回归、复原	quay trở lại
機器	machines	机器	thiết bị
延命	life extension	延长生命	kéo dài sự sống
前例	precedent	先例	tiền lệ
倫理	ethics	伦理	đạo lý
発生	occur	发生、产生	phát sinh
逝く	to pass away	逝世、死去	qua đời
女医	female doctor	女医生	nữ bác sĩ
研修医	intern	实习医生	thực tập y khoa
末期	terminal / late stage	晚期	giai đoạn cuối
(心臓)しゅよう	(heart) tumor	心脏(肿瘤)	khối u (tim)
駆け付ける	to rush	赶来、赶到	chạy vào
がん	cancer	癌症	ung thư
激痛	acute pain	剧痛	đau đớn
けいれん	spasm / convulsion	抽搐、痉挛	co giật
弱々しい	frail / weak	微弱的、虚弱的	yếu ớt
痛み止め	pain-killer	止痛	thuốc giảm đau
耐える	to endure / bear	忍受、忍耐	chịu đựng
くたくた	worn out / spent / exhausted	精疲力尽、疲惫不堪	mệt nhừ
管	tube	管儿、管子	ống
そらす	to avoid / (to look) away	回避、逃避	tránh

読む❶ (at 訪れる row)

日本語	英語	中国語	ベトナム語
沈黙	silence / quiet	沉默	im lặng
さらす	to expose to	暴露于、置身于	phơi ra
余命	remainder of one's life / one's remaining days	余生、残年	ngày tháng còn lại
芽生える	to newly grow / to burgeon	萌芽、产生	nảy ra
促す	to accelerate / hasten	促进、促使	thúc giục
選択肢	options / alternatives / choices	选项	lựa chọn
鎮静剤	sedative / tranquilizer	镇静剂	thuốc an thần
肺炎	pneumonia	肺炎	viêm phổi
治療	treatment / therapy / cure	治疗	điều trị
差し控える	to be moderate in / to be temperate with	节制、控制	giữ lại
和らげる	to alleviate / ease	缓和、使柔和	giải tỏa
致死薬	a lethal drug / a euthanasia drug	致命药剂	thuốc gây tử vong
尊い	priceless / irreplaceable	宝贵的、尊贵的	quý giá
まぎらわしい	ambiguous / confusing	容易混淆的、不易分辨的	nhầm lẫn
処方	prescription / formula	处方	đơn thuốc
死期	time of death	死期	thời khắc cuối
引き延ばす	to prolong / extend	拖延、拖长	kéo dài
叶える	to grant a request / hear a prayer	实现、满足(愿望)	đáp ứng
自己	one's self	自己、自身	tự mình
処分	deal with / dispose of	处理	sắp đặt
所有物	one's possessions / property	财产、私人拥有物	tài sản
願望	desire	愿望	nguyện vọng
要請	request	请求	yêu cầu
有罪	guilt / culpability	有罪	có tội
サポート	support	支持、支援	ủng hộ
主流	the mainstream (opinion / society, etc.)	主流	xu thế chủ đạo
回避	evade / circumvent	回避、避免	từ chối
尊厳	dignity	尊严	tôn nghiêm
拒否	refuse / reject	拒绝	phản đối
行為	actions	行为、行动	hành động, hành vi
不明	unclear / ambiguous	不明、不清楚	không rõ ràng
殺人	murder	杀人	giết người
傷害	injury / bodily harm	伤害	làm bị thương
殺人罪	the crime of murder	杀人罪	tội giết người
起訴	prosecute / indict	起诉	khởi tố
絶つ	to sever / cut off	结束、消灭	chấm dứt
中断	interrupt	中断	dừng giữa chừng
至らしめる	to transport / carry	导致	đưa đến

	日本語	英語	中国語	ベトナム語
	強固 きょうこ	firm / strong	坚决	mạnh mẽ
	職務 しょくむ	duties / responsibilities	职务	nhiệm vụ
	奥の深い おく ふか	deep / profound	深奥的	sâu sắc
	主人公 しゅじんこう	main character	主人公	nhân vật chính
	天才 てんさい	genius	天才	thiên tài
	外科医 げ か い	surgeon	外科医生	bác sĩ phẫu thuật
	重症・重傷 じゅうしょう じゅうしょう	serious illness / serious injury	重症或重伤	bệnh nặng, bị thương nặng
	見込み み こ	expect / anticipate	希望、前景	triển vọng
	報われない むく	thankless	没有回报的、没有价值的	không được đáp lại
内容理解	許容 きょよう	permission / approval	容许、允许	khoan dung
	開発 かいはつ	develop	开发	phát triển
	かつて	once	从前、以前	trước kia
	患う わずら	to be ill / to suffer from	罹患、患病	bị bệnh
	陥る おちい	to fall / stumble / lapse into	陷入	rơi vào
	確保 かく ほ	ensure / guarantee	确保、保证	bảo vệ
考える1	鎮痛剤 ちんつうざい	pain-killer	镇痛剂	thuốc giảm đau
	（自殺）幇助 じ さつ ほうじょ	aiding and abetting suicide	帮助(自杀)	hỗ trợ (tự tử)
読む❷	苦悩 く のう	(mental) anguish / distress	苦恼	đau khổ
	生む う	create	产生	tạo ra
	（美容）整形 びょう せいけい	cosmetic surgery	(美容)整形	chỉnh hình (khuôn mặt)
	一重（まぶた） ひとえ	single eyelid	单(眼皮)	(mắt) một mí
	二重（まぶた） ふたえ	double eyelid	双(眼皮)	(mắt) hai mí
	痩身 そうしん	slimming	瘦身	vóc dáng thon thả
	豊胸 ほうきょう	breast augmentation	丰胸	ngực lớn
	ホルモン	hormone	荷尔蒙	hoóc môn
	（ホルモン）剤 ざい	hormone drugs	(荷尔蒙)药剂	thuốc (hoóc môn)
	投与 とう よ	administer (medicine)	投药、给药	cho uống
	治療 ち りょう	treatment / therapy / cure	治疗	điều trị
	増強 ぞうきょう	augment	增强	tăng cường
	増進 ぞうしん	enhancement	增进	nâng cao
	介入 かいにゅう	intervene	介入	can thiệp
	欲望 よくぼう	desire / craving	欲望	ham muốn
	満たす み	to satisfy	满足	thỏa mãn
	予想 よ そう	expectation / prediction	预计、预料	dự báo
	一例 いちれい	one instance / example	一个例子	ví dụ
	出生前診断 しゅっしょうまえしんだん	prenatal / antenatal diagnosis	出生前诊断	chẩn đoán trước sinh
	先天的 せんてんてき	congenital / hereditary	先天的	bẩm sinh
	胎児 たい じ	fetus	胎儿	thai nhi
	染色体 せんしょくたい	chromosome	染色体	nhiễm sắc thể
	妊娠 にんしん	pregnancy	妊娠、怀孕	thai kỳ
	精度 せい ど	precision / accuracy	精度	độ chính xác
	妊婦 にん ぷ	a pregnant woman	孕妇	thai phụ
	（リスクを）負う お	to take a risk	承担(风险)	chịu (rủi ro)

日本語	英語	中国語	ベトナム語
リスク	risk	风险	rủi ro
判別	determine	判别、识别	phân biệt
一面	one aspect	一方面	một mặt, một khía cạnh
勝利	success	胜利	thắng lợi
ダウン症	Down syndrome	唐氏综合征	Hội chứng Down
判定	judgement / verdict	判定	phán đoán
受精	fertilization	受精	thụ tinh
遺伝子	human gene	遗传因子	gen
受精卵	fertilized egg	受精卵	trứng thụ tinh
子宮	womb / uterus	子宫	tử cung
着床	implant	着床	cấy ghép
精子	sperm	精子	tinh trùng
卵子	egg	卵子	trứng
ドナー	donor	(器官等)捐献者、提供者	người hiến tặng
知性	intelligence	智力、智能	thông minh
容姿	face and figure / appearance	姿容	diện mạo
選別	sort / select	挑选、区分	chọn lựa
デザイナー・ベビー	designer baby	设计婴儿	đứa trẻ được thiết kế sẵn
歩み	course / path	步伐、进程	bước đi
再生	regenerate	再生	phục hồi
他方	another angle	另一方面	mặt khác
万能細胞	stem cell	万能细胞	tế bào vạn năng
ノーベル生理学・医学賞	Nobel Prize in Physiology or Medicine	诺贝尔生理学或医学奖	Giải thưởng Nobel về Sinh lý học và Y khoa
受賞	award	获奖	nhận giải thưởng
一躍	in one bound / leap	一跃、一下子	bước nhảy vọt
iPS細胞	iPS cell (induced pluripotent stem cell)	iPS 细胞	tế bào iPS
ES細胞(胚性幹細胞)	ES cell (embryonic stem cell)	ES 细胞(胚胎干细胞)	tế bào ES (tế bào gốc phôi)
分化	differentiation	分化	phân chia
長寿	longevity	长寿	sống lâu
メカニズム	mechanism	机制	cơ chế
解明	clarify / elucidate / make clear	查明、弄清	làm rõ
手立て	means	手段、方法	phương pháp
難病	serious / intractable disease	难治之症、疑难病症	bệnh nan y
臓器	internal organs	脏器	nội tạng
よみがえる	to restore to life	恢复、复苏	hồi phục
移植	transplant	移植	cấy ghép
拒絶反応	immunological rejection	排斥反应	phản ứng thải ghép
体内	inside the body	体内	bên trong cơ thể
由来	origin	来源于、出自	nguồn gốc

	日本語	英語	中国語	ベトナム語
	培養 ばいよう	culture / cultivate	培养	nuôi cấy
	弱る よわる	to weaken / enfeeble	衰弱	suy nhược
	手軽に てがるに	easily / simply / readily	容易地	dễ dàng
	衰える おとろえる	to atrophy / to decline	衰弱、减退	suy giảm
	根幹 こんかん	the foundation	根本、基础	nền tảng
	バイオテクノロ ジー（生命工 せいめいこう 学） がく	biotechnology	生命工程学	công nghệ sinh học (bio-technology)
	喜ばしい よろこばしい	joyful / delightful	可喜的	vui mừng
	直面 ちょくめん	confront / face head on	直面、面对	đối mặt
	真正面 ましょうめん	directly / head-on	正对面	ngay phía trước
	概念 がいねん	concept / idea	概念	khái niệm
	課題 かだい	issue / subject	课题	vấn đề
	浮上 ふじょう	looming / rising to the surface	浮出水面	nổi lên
内容理解	規制 きせい	regulations	规制、管制	quy định
	捉える とらえる	to grasp	把握、领会	nắm bắt được
	独占 どくせん	monopoly	独占、垄断	độc chiếm
	発生 はっせい	occur	发生、产生	phát sinh
	摂理 せつり	(natural) providence	天理、天命	sắp đặt
考えるヒント	クローン	clone	克隆	hệ vô tính
	朗報 ろうほう	good / welcome news	喜讯、好消息	tin tốt
	細胞 さいぼう	cell	细胞	tế bào
	小枝 こえだ	small branch / twig	小树枝	cành con
	挿し木 さしき	cutting (of a plant/tree)	插枝、插条	cắt
	語源 ごげん	derivation / etymology	语源、词源	nguồn gốc
	遺伝子 いでんし	human gene	遗传因子	gen
	共有 きょうゆう	share	共有、共享	cùng nhau trao đổi
	個体 こたい	individual	(生物)个体	cá nhân
	（個体）同士 こたい どうし	fellow (individuals)	同类(个体)	(các cá nhân) cùng nhau
	有性生殖 ゆうせいせいしょく	sexual reproduction	有性繁殖	sinh sản hữu tính
	オス	male	雄性	đực
	メス	female	雌性	cái
	双方 そうほう	both sides	双方	cả hai bên
	遺伝 いでん	hereditary	遗传	di truyền
	受け継ぐ うけつぐ	inherit	继承	thừa hưởng
	一卵性双生児 いちらんせいそうせいじ	identical twins	一卵双生儿、同卵双胞胎	cặp sinh đôi cùng trứng
	家畜 かちく	domestic animal	家畜	gia súc
	倫理 りんり	ethics	伦理	đạo lý
	独裁者 どくさいしゃ	dictator	独裁者	nhà độc tài
	赤ん坊 あかんぼう	baby / infant	婴儿	trẻ sơ sinh
	影武者 かげむしゃ	a body double	替身	người thế thân của Shogun
	後継者 こうけいしゃ	successor	继任者、继承人	người thừa kế
	人格 じんかく	character / personality	人格	nhân cách

日本語	英語	中国語	ベトナム語
後天的 こうてんてき	acquired / learned	后天的	có được
指紋 し もん	fingerprint	指纹	dấu vân tay

9 章

『科学』を考える

日本語	英語	中国語	ベトナム語
読む❶ 連載（れんさい）	serialization	连载	xuất bản
親しむ（した）	to love	熟悉、亲近	thân thuộc
メカニズム	mechanism	机制	cơ chế
魔法（まほう）	magic	魔法	ma thuật
電子レンジ（でんし）	microwave	微波炉	lò vi sóng
生み出す（う だ）	to bring about / to bring forth	创造、产生	tạo ra
事細かに（ことこま）	in detail / minutely	详尽、详细	chi tiết
受賞者（じゅしょうしゃ）	award winner	获奖者	người nhận giải thưởng
捉える（とら）	to grasp	把握、领会	nắm bắt được
論理（ろんり）	logic	逻辑、道理	lý luận
魔法使い（まほうつか）	magician / sorcerer	魔术师	sử dụng ma thuật
成果（せいか）	result / outcome	成果	thành quả
享受（きょうじゅ）	enjoyment (of health, freedom)	享受	hưởng thụ
思考（しこう）	thought / thinking	思考	suy nghĩ
軽視（けいし）	belittle / disrespect	轻视	xem nhẹ
リテラシー	literacy	能力、读写能力	kỹ năng
学習到達度（がくしゅうとうたつど）	educational achievement level	学习达成度	thành tựu học tập
加盟国（かめいこく）	(OECD) member state	加盟国	quốc gia thành viên
枠組み（わくぐ）	framework	框架	khung
思慮深い（しりょぶか）	sensible / prudent	深思熟虑的、深入思考的	suy nghĩ chu đáo
関与（かんよ）	involvement / participation	参与	tham gia
テクノロジー	technology	技术	công nghệ
筋（すじ）	logical	条理、道理	quy tắc, cách thức
携わる（たずさ）	to participate in / to be engaged in	参与、从事	làm việc
コンピテンシー	competency	能力、素质、胜任素质	năng lực
探究（たんきゅう）	exploration	探索、探求	nghiên cứu
証拠（しょうこ）	evidence / proof	证据	dẫn chứng
治療（ちりょう）	treatment / remedy / cure	治疗	điều trị
代替医療（だいたいいりょう）	alternative medicine	替代医疗、替代疗法	chữa trị thay thế
装う（よそお）	to pretend	假装	giả vờ
偽装（ぎそう）	disguise	伪装	ngụy trang
誤る（あやま）	to mistake / err	搞错、做不恰当的判断	sai lầm
因果（いんが）	cause and effect	因果	nhân quả
意図（いと）	intent	意图	mục đích
世帯（せたい）	household	家庭	hộ gia đình
保有（ほゆう）	possess / own	保有、持有	sở hữu
数値（すうち）	numerical value / number	数值	giá trị số

日本語	英語	中国語	ベトナム語
<ruby>相関<rt>そうかん</rt></ruby>	correlation	相関	tương quan
<ruby>往々<rt>おうおう</rt></ruby>にして	often	往往、常常	thỉnh thoảng
<ruby>指標<rt>し ひょう</rt></ruby>	indicator	指标	chỉ số
<ruby>事柄<rt>ことがら</rt></ruby>	matter / affair	事情、事态	bản chất của sự việc
<ruby>疫学<rt>えきがく</rt></ruby>	epidemiology	流行病学	dịch tễ học
<ruby>最低限<rt>さいていげん</rt></ruby>	minimum / lowest limit	最低限度	ít nhất
<ruby>体験談<rt>たいけんだん</rt></ruby>	one's (personal) experiences	经验之谈	câu chuyện kinh nghiệm
さらす	to expose to	暴露于、置身于	phơi ra
<ruby>人材<rt>じんざい</rt></ruby>	human resources	人才	nhân tài
<ruby>浪費<rt>ろう ひ</rt></ruby>	waste / extravagance	浪费	lãng phí
<ruby>放棄<rt>ほう き</rt></ruby>	give up / abandon	放弃	từ bỏ
<ruby>仕組<rt>し く</rt></ruby>み	system / mechanism	构造、结构	cơ cấu
<ruby>本文<rt>ほんぶん</rt></ruby>	text / body (of a letter / written work)	本文、正文	văn bản này
<ruby>事例<rt>じ れい</rt></ruby>	example	事例	trường hợp
考える❶ <ruby>二酸化炭素<rt>に さん か たん そ</rt></ruby>	carbon dioxide	二氧化碳	Khí carbon dioxide
<ruby>排出<rt>はいしゅつ</rt></ruby>	exhaust	排放、排出	thải ra
<ruby>上昇<rt>じょうしょう</rt></ruby>	rise / climb	上升	tăng lên
<ruby>増加<rt>ぞう か</rt></ruby>	increase	增加	gia tăng
<ruby>根拠<rt>こんきょ</rt></ruby>	basis / grounds	根据	căn cứ
<ruby>受<rt>う</rt></ruby>け<ruby>入<rt>い</rt></ruby>れる	to accept	接纳、接受	chấp nhận, tiếp nhận
<ruby>要因<rt>よういん</rt></ruby>	cause / factor	主要原因、主要因素	nguyên nhân chính
<ruby>踏<rt>ふ</rt></ruby>まえる	to be based on	依据、立足于	dựa trên
読む❷ <ruby>黄金<rt>おうごん</rt></ruby>	gold	黄金	hoàng kim, vàng
<ruby>課題<rt>か だい</rt></ruby>	issue / subject	课题	vấn đề
<ruby>変容<rt>へんよう</rt></ruby>	transform / metamorphosize	变化、变迁	thay đổi
<ruby>核兵器<rt>かくへいき</rt></ruby>	nuclear weapon	核武器	vũ khí hạt nhân
<ruby>開発<rt>かいはつ</rt></ruby>	develop	开发	phát triển
<ruby>理論<rt>り ろん</rt></ruby>	theory	理论	lý thuyết
<ruby>中立<rt>ちゅうりつ</rt></ruby>	neutrality	中立	trung lập
<ruby>善用<rt>ぜんよう</rt></ruby>	make good use	妥善利用、用于正途	dùng cho mục đích tốt
<ruby>悪用<rt>あくよう</rt></ruby>	make poor use	滥用、用于不良目的	dùng cho mục đích xấu
<ruby>軍事<rt>ぐん じ</rt></ruby>	military affairs	军事	quân sự
<ruby>原子力<rt>げん し りょく</rt></ruby>	nuclear power	原子能	năng lượng nguyên tử
<ruby>営<rt>いとな</rt></ruby>み	activity / operation	行为	hoạt động
フロンティア	frontier	最前沿	biên giới
<ruby>専念<rt>せんねん</rt></ruby>	undivided attention	专心、一心一意	tập trung
リサーチ	research	调查研究	nghiên cứu
<ruby>開発<rt>かいはつ</rt></ruby>	develop	开发	phát triển
<ruby>公的<rt>こうてき</rt></ruby>	public / official	公共的、官方的	công cộng
<ruby>資金<rt>し きん</rt></ruby>	capital / funds	资金	tiền vốn
<ruby>投入<rt>とうにゅう</rt></ruby>	invest / inject (money)	投入	đầu tư
<ruby>携<rt>たず</rt></ruby>わる	develop	参与、从事	phát triển

日本語	英語	中国語	ベトナム語
政策 (せいさく)	policy measures	政策	chính sách
峻別 (しゅんべつ)	clear distinction	严格区别	phân biệt
真の (しんの)	actual / genuine	真正的	chân chính
知的 (ちてき)	intellectual / thoughtful	智慧的、知识的	trí tuệ
好奇心 (こうきしん)	curiosity	好奇心	tò mò
遂行 (すいこう)	accomplish / implement / execute	进行、执行	hoàn thành
客観 (きゃっかん)	objective	客观	khách quan
権力 (けんりょく)	power / authority	权力	quyền lực
真理 (しんり)	truth	真理	bản chất, sự thật
事実 (じじつ)	facts / actuality	事实	sự thật
二元論 (にげんろん)	dualism	二元论	thuyết nhị nguyên
立脚 (りっきゃく)	based upon / grounded on	立足、根据	dựa trên
革新 (かくしん)	innovation	革新、创新	cách mạng
成果 (せいか)	result / outcome	成果	thành quả
核 (かく)	nuclear	核，这里指原子核	hạt nhân
指摘 (してき)	point out	指出、提出	chỉ ra
出現 (しゅつげん)	emerge / appear	出现	xuất hiện
転換期 (てんかんき)	transition / turning point	转折期	bước ngoặt
領域 (りょういき)	domain	领域	khu vực
前提 (ぜんてい)	assumption / premise	前提	tiền đề
交錯 (こうさく)	mix / blend	交叉	giao nhau
(問題)群 ((もんだい)ぐん)	(problem) group	(问题)集合	nhóm (vấn đề)
定式 (ていしき)	formula	定式、一定的形式	công thức
他方 (たほう)	on the other hand	另一方面	mặt khác
合意 (ごうい)	agreement	同意、达成共识	đồng ý
対応 (たいおう)	handle	应对、处理	hỗ trợ, đối ứng
事柄 (ことがら)	matter / affair	事情、事态	bản chất của sự việc
発生 (はっせい)	occur	发生	phát sinh
蓋然性 (がいぜんせい)	probability	盖然性、或然性、可能性	xác suất
数値 (すうち)	numerical value / number	数值	giá trị số
見積もり (みつもり)	estimate	估计、估价	ước tính, báo giá
災厄 (さいやく)	disaster	灾难、灾祸	tai họa
工学 (こうがく)	engineering	工学	kỹ thuật
争点 (そうてん)	point at issue / point of contention	争论焦点	điểm vấn đề
(この)種 ((この)しゅ)	this kind	(这)类	loại (này)
定義 (ていぎ)	definition	定义	định nghĩa
相場 (そうば)	the market	行情、行市	giá thị trường
内容理解 探究 (たんきゅう)	exploration	探索、探求	nghiên cứu
整える (ととのえる)	to arrange / order	确立、整备	sắp xếp
背景 (はいけい)	background	背景	bối cảnh

	日本語	英語	中国語	ベトナム語
考える❷	遺伝子組換え	genetic modification	转基因	tái tổ hợp gen
	表示	indication / expression	标示	biểu thị
	厚生労働省	Ministry of Health, Labour and Welfare	厚生劳动省	Bộ Y tế, Lao động và Phúc lợi xã hội Nhật Bản
	組み込む	to embed / build into	编入、纳入	cho vào
	タンパク質	protein	蛋白质	protein
	作用	act / effect	作用	tác dụng
	有害	detrimental / harmful	有害	có hại
	メリット	merit	优点、好处	ưu điểm
	デメリット	demerit	缺点、坏处	nhược điểm
	リスク	risk	风险	rủi ro
考えるヒント	SF	science fiction	科幻小说(Science Fiction)的略称	SF
	フィクション	fiction	小说、虚构	viễn tưởng
	根源	root / origin	根源	căn nguyên
	海底	the seafloor / the seabed / the bottom of the ocean	海底	đáy biển
	潜水艦	submarine	潜水艇	tàu ngầm
	由来	origin	来源于、出自	nguồn gốc
	人工知能	artificial intelligence	人工智能	trí tuệ nhân tạo
	近年	recent years	近年	những năm gần đây
	目覚ましい	spectacular / remarkable	惊人的、出奇的	đáng chú ý
	金字塔	monumental work / landmark achievement	金字塔	kim tự tháp
	設定	establish / set up	设置、安排	thiết lập
	側面	aspect	方面	khía cạnh
	本音	true feelings / real intentions	真话、真心话	ý định thực sự

	日本語	英語	中国語	ベトナム語
	メリット	merit	优点、好处	ưu điểm
	デメリット	demerit	缺点、坏处	nhược điểm
読む❶	挑む	to challenge	挑战	thách thức
	志す	to aspire to	立志	mong muốn
	章末	end note	章末	hết chương
	洋書	Western book / literature	外文书	sách ngoại văn
	博識	extensive knowledge / erudite	博识、知识渊博	hiểu biết
	漠然	vague / obscure	含糊、笼统	mơ hồ
	理学部	science department	理学院	khoa Vật lý
	理学系	science, technology, engineering, and math (STEM) studies	理学系	khoa học vật lý
	課題	issue / subject	课题	vấn đề
	先人	predecessor	先人、前人	tiền bối
	アプローチ	approach	方法、途径	tiếp cận
	十人十色	everyone is different	因人而异、各不一样	chín người mười ý
	事実	facts / actuality	事实	sự thật
	認識	recognize	认识、认知	nhận thức
	実情	actual state of affairs	实际情况	thực tế
	個性	individuality	个性	tính cách
	独自	original / individual	独自、独特	đặc trưng, độc đáo
	色濃く	markedly / noticeably	浓郁、浓厚	rõ ràng
	大げさ	exaggeration / excess	夸张	cường điệu
	ネバーエンディング	never ending	永无休止、永无止境	không bao giờ kết thúc
	開発	develop	开发	phát triển
	物性	physical properties	物性、物质的性质	tính chất vật lý
	突き動かす	to stimulate / spur / push	激起、唤起	thúc đẩy
	生み出す	to bring about / to bring forth	创造、产生	tạo ra
	凡人	an ordinary person	凡人	người bình thường
	連鎖	linked / connected	连锁	chuỗi
	ある種	a kind of	某种	loại
	根底	foundation / basis	根基、根本	nền tảng
	揺るがす	to shake / sway	动摇、撼动	làm lung lay
	一新	a complete change / revolution	焕然一新	làm mới
	重箱の隅をつっつく	fuss over minor details	吹毛求疵、挑剔细节	chú trọng đến chi tiết, xoi mói
	成果	result / outcome	成果	thành quả

	日本語	英語	中国語	ベトナム語
	組み込む	to embed / build into	编入、纳入	cho vào
	蓄積	accumulate / stockpile	积累	tích lũy
	最前線	the vanguard / the foremost line	最前沿	tiên phong
	リスキー	risky	危险的	rủi ro
	反発	backlash / repulse / strong opposition	顶撞、反抗	phản bác
	証拠	evidence	证据	minh chứng
	非難	criticism / blame	非难、责难	đổ lỗi, chỉ trích
	市場	the market	市场	thị trường
	出回る	arrive at market / come to market	上市、充斥	bán ra
	アタリ	(take) a guess	预估、判断	dự đoán
内容理解	深化	deepening	深化	đào sâu
	確信	firm believe / conviction	确信、把握	tin tưởng
	見込む	to expect / anticipate	相信、期待	mong đợi
考える1	志望	desire / ambition	志愿	nguyện vọng
	取り組む	to act on / to work on	致力解决、下大力气做	thực hiện
	メリット	merit	优点、好处	ưu điểm
	デメリット	demerit	缺点、坏处	nhược điểm
読む❷	フィールドワーク	fieldwork	实地研究	nghiên cứu thực địa
	文系	humanities studies	文科	khoa học xã hội
	理系	science studies	理科	khoa học tự nhiên
	独自	original / individual	独自、独特	đặc trưng, độc đáo
	手法	technique / method	手法、技巧	phương pháp
	アンケート	questionnaire	问卷调查	khảo sát
	参与観察	participant observation	参与式观察	tham gia quan sát
	利点	an advantage	优点、长处	lợi thế, ưu điểm
	現地	field / actual research site	现场、当地	địa phương
	ヒント	hint / clue	启发、提示	gợi ý
	宝物	a treasure	宝物、财富	kho báu
	原点	starting point / origin	原点、出发点	điểm bắt đầu
	連携	cooperation	合作、协作	hợp tác
	営む	carry out / perform	经营、从事	thực hiện
	拠点	a base	据点、根据地	cơ sở
	実践	put into practice	实践	thực tiễn
	空洞	hollow	空洞、中空	suy giảm dân số
	過疎	depopulation / low population density	(人口)过稀、过少	thưa dân
	課題	issue / subject	课题	vấn đề
	多様	diverse	多种多样	đa dạng
	支援	support	支援、援助	hỗ trợ
	事業	project	事业、项目	công tác

日本語	英語	中国語	ベトナム語
NPO（＝特定非営利活動法人）	NPO (Non-Profit Organization)	NPO(非营利组织)	NPO (= Tổ chức phi lợi nhuận)
商店街	shopping center / shopping street	商店街	khu phố mua sắm
店舗	store	店铺	cửa hàng
コミュニティ	community	社区、共同体	cộng đồng
再生	revitalize	再生、复兴	tái lập
ボランティア	volunteer	志愿者	tình nguyện
背景	background	背景	bối cảnh
近年	recent years	近年	những năm gần đây
空き家	vacant / empty house	空房、闲房	nhà bỏ trống
カフェ	café	咖啡馆	quán cà phê
サテライト（研究室）	satellite / remote (laboratory)	卫星(研究室)，这里指在大学之外设置的研究室	(phòng nghiên cứu) vệ tinh
個別	individual / separate	个别	cá biệt
昨今	these days	近来、最近	gần đây
規模	scale / scope	规模	quy mô
地元	one's home town / local area	当地、本地	địa phương
自治体	local government	日本地方政府	chính quyền địa phương
協定	agreement / pact	协定	hiệp định
資金	capital / funds	资金	tiền vốn
獲得	acquire	获得	thu được
メリット	merit	优点、好处	ưu điểm
生み出す	to bring about / to bring forth	创造、产生	tạo ra
成果	result / outcome	成果	thành quả
アクセス	access	利用、到手	truy cập
自治体	local government	日本地方政府	chính quyền địa phương
構築	build / construct	构筑	xây dựng
協働	collaborate / cooperate	合作	hợp tác
正課	the regular curriculum	正课、正式课程	học chính khóa
組み込む	to embed / build into	编入、纳入	cho vào
当事者	the interested party / the person concerned	当事人、当事者	người tham gia trực tiếp
根ざす	to take root	生根、扎根	bắt nguồn
育成	nurture / raise / develop	培养、培育	khuyến khích
掲げる	to feature	提出(主义、方针等)	nêu lên
文部科学省	Ministry of Education, Culture, Sports, Science and Technology	文部科学省	Bộ Giáo dục, Văn hoá, Thể thao, Khoa học và Công nghệ Nhật Bản
改革	reform / revamp	改革	cải cách
減少	decrease / reduce	减少	giảm
高齢	old age / advanced age	高龄	tuổi cao

日本語	英語	中国語	ベトナム語
財政難	financial difficulties	财政困难	khó khăn tài chính
疲弊	impoverishment / exhaustion	疲敝、凋敝	mệt mỏi
サービスラーニング	service learning	服务型学习	học về dịch vụ
インターンシップ	internship	实习	thực tập
ワークショップ	workshop	工作坊、研习会	hội thảo
削減	cut back / reduce	削减	cắt giảm
追い込む	to drive into / to chase into	逼入、使陷入	buộc phải
学外	extramural / off-campus	大学以外	ngoài trường
肝心	essential / key / important	首要、重要	quan trọng
様	state (of becoming exhausted)	样子、状况	tình trạng
苦悩	(mental) anguish / distress	苦恼	đau khổ
創設	establish / found	创立、开设	thành lập
双方	both sides	双方	cả hai bên
打開策	a way to break a deadlock / impasse	脱离困境的方法、解决方案	giải pháp đột phá
アプローチ	approach	方法、途径	tiếp cận
否でも応でも	whether one likes it or not / whether one is willing or not	不管愿意不愿意、不论如何	không có vấn đề gì
生かす	utilize / contribute	有效利用、发挥优势	tận dụng
他方	Meanwhile	另一方面	mặt khác
福祉	adverb	福利、福祉	phó từ
人手	labor	人手、劳动力	nhân lực
盛り上げる	pump up / boost the mood	使热烈、活跃	tiếp thêm sức sống
高齢者	elderly people	老年人	người cao tuổi
若者	young people	年轻人	người trẻ
過疎地	depopulated area	（人口）过稀地区	khu vực thưa dân
措置	measure / step	措施、处理	giải pháp
好循環	virtuous cycle	良性循环	môi trường tốt
据える	to put in place	放置、安放	đặt
活性	active / activity	活力、活跃	tích cực
梃入れ	leverage	加强、支撑	thúc đẩy
接触	contact	接触	tiếp xúc
解消	resolve / resolution	解除、消除	giải quyết
適正	appropriate / proper / right	适当、公平、合理	hợp lý
挑戦	try	挑战	thử thách
討論	debate / discussion	讨论	tranh luận
レジュメ	resume	提纲	bản tóm tắt
配布	hand out	散发、分发	phân phát
箇条書き	itemize	分条书写	ghi theo từng mục
簡潔に	concisely / briefly	简洁、简明扼要	đơn giản
共有	share	共有、共享	cùng nhau trao đổi

内容理解

考える2
考えるヒント

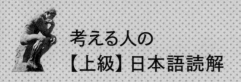

考える人の
【上級】日本語読解

別冊
2

解

答

読む ①

①-1　未来に対する適応度を高める

①-2　「遊び」の段階には入っていない

　　　ゲームと現実世界は乖離していると考えられている

②　　d

③　　b

④　　①ゲームに夢中になっている子ども　　②社会で役に立つものなのか

　　　③害ではないのか　　④人の心に挑戦する気持ちを育むものになる

　　　⑤糸川氏のいう「遊び」になれる　　⑥ゲーム産業を志す人

　　　⑦非常に変化の激しい　　⑧既存の　　⑨再編集　　⑩縮小してしまう

　　　⑪新しいものを生み出す

⑤　　人の心

読む ②

①　　①脳機能が低下し　　②問題行動　　③科学的根拠

②　　a

③-1　①暴力　　②恐怖　　③日本国内で215万本も売れた

③-2　暴力や恐怖を煽る描写を含むゲームが原因となって、未成年による殺人事件が起きたとは、言えない

④　　c

⑤　　ゲームと犯罪は単純な因果関係ではとらえられず、また、そうすることで犯罪の重要な要因が見えなくなる。

読む ①

①　　①日本語　　②授業　　③別室で筆者による日本語のレッスンを受けていた

②　　a

③　　子どもたちにとって、日本語は習得しかけた母語をいったん脇に置いてでも、生活をするために、急遽、身につけなければならない外国語だったと言っている。

④　　[子どもの頃の筆者]　・自分の名前が好きではなかった。

　　　　　　　　　　　　・日本人の名前に憧れていた。

　　　　　　　　　　　　・本名より、育った日本の名前のほうがいいと思っていた。

　　　[恵美]　・中国語／名前が自分の名前だ。

⑤　　d

⑥　　(例) 幼いころに台湾から日本に来た筆者は、外国人児童・生徒に日本語を教える仕事を始めた。曾祖父が日本人という遼寧省出身の子どもとの出会いにより、以前から持っていた「日本人とは、だれのことなのか？　日本語はだれのものなのか？」という問いをいっそう深めた。そして、生きるために新しい言葉を獲得しようとする子どもたちと接しながら、「国語」に縛られない日本語による小説を書きたい気持ちを募らせていった。

考える 1

1　・ポルトガル語➡ブラジルなど

　　・スペイン語➡ペルーなど

　　・タガログ語➡フィリピン

2　(例)・親や保護者が仕事で日本に来ることになったから

　　　　・グローバル化の影響

　　　　・国際結婚

　　　　・「単純労働」に従事する外国人に対する規制が日系南米人に対して緩和されたため。

3　(省略)

読む ②

① -1　ひとつの言語の中にふたつの変種が、上位のものと下位のものにはっきりと分けられている状態のこと。

① -2　①教会の説教、政治演説、大学の講義、ニュース放送、新聞の社説、高尚な文学
　　　②日常生活の中
　　　③家族や友だちとの会話、ラジオの大衆ドラマ、大衆文学
　　　④学校教育で教えられるような規範

① -3　a、c、e

②　①単一言語　　②ダイグロシア　　③二つの変種　　④下位変種は意図的な規範化がなく
　　⑤多様な場面で　　⑥規範からこぼれ落ちたその他のことば

③　d

考える ②

1　・ふりがな付き
　　・7か国語対応　　［「多言語対応」「やさしい日本語含め8言語対応」としてもよい］
　　・やさしい日本語　　など

2~4　（省略）

3章「子どもと自尊感情」

読む ①

①　①ユニセフ（の研究所）　　②世界の先進国の子どもたちの幸福度
　　③「孤独を感じる」と答えた日本の子どもの比率は約30％と、他の国の5～10％に比べて突出して高かった　［％の記述がなくても可］

②　①過剰な期待
　　②（期待したとおりに育たない子どもに対する）否定的な考え

③

中高年	親世代	子ども
1940年代生まれ	1960～70年代生まれ	
自己肯定的 生活を満喫している	自分自身の将来、家族の将来に大きな不安を持っている	親の不安を感じ取って、自分にも責任があるかのように被害的に受け止めている

④　b

⑤　①プレッシャー　　②不安　　③自分にも責任がある　　④被害的　　⑤評価され
　　⑥達成感　　⑦希望や生きがい　　⑧マイナスなメッセージ　　⑨自分の存在　　⑩権利
　　⑪あるがままに肯定する

読む ②

①　「自尊感情が低いことが悪なのか」という議論

② -1　楽観的に考えないことによって成績の向上につなげる

② -2　自尊感情が低いこと

③　c

④　①自尊感情　　②否定的　　③自己批判　　④自己を控えめ　　⑤肯定的に　　⑥共有
　　⑦自己への承認　　⑧コミュニケーションの質　　⑨自己観

読む ❶

① ①ゴミ　②ハエ　③騒音

②-1 高度経済成長の時期に定着したと言っている

②-2 ①汚染物質の出所　②関係者　③被害者

③ d

④ b、c、f

⑤ 日本は 1964 年の東京五輪までは町も汚く騒音も多かったが、東京五輪で世界各国の人を迎えるに際して、町をきれいにし、インフラも整えた。高度経済成長期にはこうした光の部分がある一方、影である公害も生まれた。以前は汚染物質排出の加害者が明確だったが、汚染の原因が不明瞭だったり関係者や被害者が多数いたりすることが増え、この時期「公害」という言葉が定着した。「公害の原点」と言えるのは、水俣病である。当初は原因不明の奇病で、患者は病気と差別に苦しめられた。原因はチッソが出すメチル水銀という有害物質だったが、チッソの責任が国に認められるまでは長い時間がかかった。メチル水銀が排出されるメカニズムの解明が難しかったこと、水俣市はチッソの企業城下町で住民はチッソを批判できなかったこと、チッソが隠蔽を図ったことなどがその理由としてあげられる。患者の救済は今もつづいている。水俣病は、公害企業で働く人が、何ができるかを問うものである。

読む ❷

① 将来の世代の欲求を満たしつつ、現在の世代の欲求も満足させるような開発

② a

③ ・東南アジア各国でのガソリンの無鉛化の達成
　・日本における環境保全型農業の提唱とエコファーマー認定者の増加

④ ①先進国と開発途上国　②将来世代　③理想　④開発
　⑤環境保全　⑥インフラや医療や教育　⑦空気や水　⑧資源　⑨持続可能な開発

読む ❶

① c

② a

③ ①文句　②広報　③研究　④管理職　⑤異動　⑥離婚　⑦外国人の上司（ボス）
　⑧女性だからと差別する

④ 最終目標を達成するには、いつまでにどういう能力と経験が必要か、そして今はどうしなければならないのかが見えてきて、視界が大きく広がる

⑤ b

読む ❷

① 職業人人生

②-1 c

②-2 ①まじめに一つの職業に取り組み、それなりの成果をあげていれば生活も安定し、周りの人にも尊敬され、豊かな人生が送れる
　②組織に左右されない、もっと自分自身の価値観にもとづく

③ a△　b○　c○　d△　e○

④ d

⑤ ①自分らしい仕事　②現実的なキャリア　③理想形　④キャリア観の変更（変化）
　⑤あまり変化していない　⑥目標から現在やることを定める　⑦適していない　⑧合理的
　⑨逆算型の人生設計　⑩何をしたいか　⑪自分らしさが表現できる仕事は何か
　⑫医師、薬剤師、看護師、薬の研究者、車いすを製造する人　⑬自分の価値基準、自分らしさ

読む①

① d

② ①同じ産業　　②相手国の同じ産業だけでなく自国内の異なる産業も

③ b

④ ①労働力　　②比較優位のある産業　　③世界全体の生産量　　④輸出する　　⑤高い国
　⑥低い国　　⑦利益

⑤ b、d

読む②

① a

② ①比較優位を持つ　　②集まることになる　　③衰退　　④恩恵を感じられない

③ c、e、f

④-1 ・ドナルド・トランプの米大統領選挙での勝利
　　・イギリスのEU離脱

④-2 移民への不安や不満

⑤ 　自由貿易の促進と移民の増加は、グローバル化の要素の一つである。この自由貿易によって、消費者は良いものを安く手に入れることができ、企業も貿易で恩恵を受けることができる。また、移民は移動先の国で労働力となりお金を使い国の活力となることができる。しかし、移民に仕事を奪われる人や、地域に溶け込めない移民が負担となり、不安や不満を感じる人もいる。これらの不安や不満を背景に、貿易と国境を越える人の移動を制限する反グローバリズムの動きが活発になった。今後、多くの人が幸福な生活を送るためにグローバル化とどのように向き合わなければいけないか、より深く考えなければならない時代になった。

読む①

①-1 ①食事をもらうために列に並び
　　②妻にとってもらった食べ物を一人で食べていた

①-2 筆者と周りの人は驚いていたが、夫婦はごく自然だった。

② 妻が夫の世話をする

③ b

④ 「男らしさ」「女らしさ」という性役割とその自覚

⑤ ①時代／世代　　②後世の人　　③合理性　　④道理　　⑤熟年夫婦　　⑥性役割
　⑦世界のどの地域、いつの時代　　⑧自由になることはない　　⑨性役割
　⑩社会

読む②

①-1 女性の年齢別の就業率をグラフにすると、育児期の30代前後で就業率が落ち込みその後回復して、アルファベットのMのようになること。

①-2 ①仕事を続けなければ経済的にやっていけない時代になった
　　②育児期に仕事を辞める　　③台形に近くなっていく

② a

③-1 男性に対して女性は7割程度で、格差は以前より縮小しているものの諸外国と比べると大きい。

③-2 d

④ ①パートタイム　　②正社員　　③賃金は低く抑えられてきた　　④大きい　　⑤職階
　⑥勤続年数　　⑦ゼロにならない　　⑧複合的　　⑨解決までの道のりは遠い

読む❶

① b

② d

③ ①治らない病気　②死が近い　③自殺をする

④「楽に死ねるように」医師から致死薬を処方してもらって自殺を手伝ってもらう

⑤治らない病気　⑥死が近い　⑦薬でできるだけ身体の痛みを感じない

⑧医療機器や薬で命を「引き延ばす」

④ ①「いのち」は自分の所有物だから、自殺する権利だってあるはず

②主流　③個人の自由な処分の対象／個人が自由に処分する対象

④自殺の　⑤「いのちの質」　⑥治療を拒否する

⑤ a

⑥ ①死の過程　②人工呼吸器　③心肺蘇生　④昇圧剤の投与／栄養チューブ／輸液

⑤医療技術の進歩　⑥医療機器　⑦生命維持　⑧倫理問題　⑨末期の心臓しゅよう

⑩医療にできることはない　⑪痛み　⑫早く逝かせてくれ　⑬困らせる

⑭医者が（何らかの形で）患者の死期を早め　⑮患者の意識を失わせ　⑯違法

⑰いのちを終わらせる　⑱いのちの質　⑲治療を拒否する　⑳医師の倫理

読む❷

① ①治療　②より一層の幸福や能力を得る／人々の欲求・欲望を満たす／ふつうに機能する身体をそれ以上のものに変えていく

② b、c、d

③ a

④ ①多くの病気を治せる　②より一層の長寿が実現する　③治療の手立てのない難病の克服

④病気の治療

⑤ d

読む❶

① b

② メカニズムがどうなっているかわからないが、望んだ結果を得られる魔法のようなものであること。

③ 専門家

④ ①相関関係　②因果関係　③相関関係　④因果関係　⑤示されたもの　⑥変化した

⑦疫学　⑧因果関係　⑨効果　⑩効果があった　⑪祈った場合

⑫祈らなかった場合　⑬データを適切に理解する科学的リテラシー

⑤ c、e、f

考える❶

1 ［平均気温の上昇と二酸化炭素排出量の増加の動きがだいたい一致していることを指摘できればOK。］

2 ［一致しない部分があることを示すことができればOK。］

3 ［出てくるアイデアは否定せず、できるだけたくさんの要因を出す。

（例）太陽が大きくなっている

氷河期が終わって暖かくなっている

地球のマグマの活動が活発になって暖かくなっている

地球が太陽に近づいている

宇宙人の陰謀　……

など、あり得そうにないものも挙げてよい。その上で、本やインターネットなどの資料で他に挙げられている要因を探す。］

4 ［想定される議論

・二酸化炭素排出量の増加と平均気温の上昇は因果関係と捉えていいのか
・二酸化炭素には温室効果があることはわかっているが、それが本当に平均気温の上昇の主たる要因なのか
・二酸化炭素排出量の増加が、もし平均気温の上昇の主たる要因ではなかった場合、どうすればいいのか。
・二酸化炭素排出量の増加が、平均気温の上昇の主たる要因ではない可能性があると考えた場合、二酸化炭素の排出の制限はやめてもいいのか

穏当な結論としては、以下のようなものが考えられる。

仮に「二酸化炭素排出量の増加が平均気温の上昇の主たる要因である」と現在確定できなくても、無制限に資源を利用して二酸化炭素の排出量を増やすべきではない。なぜなら、後になって主たる要因であったと確定できた場合手遅れになる可能性があるからだ。今のところ最も疑わしいのであれば、制限をしておくべき。また、資源も無限にあるわけではないので、二酸化炭素を排出する資源の利用は制限をしておいたほうがいいだろう。

しかし、必ずしもクラスでこの結論になる必要はない。　］

①　①知識生産としての科学　　②その知識を応用する営み　　③科学
③その利用の仕方
［以下も可］
①リサーチとしての科学（基礎科学）　　②製品開発に応用される科学（応用科学）
③その社会的利用　　④政治的利用の仕方

②-1　c

②-2　①黄金
②技術革新によって、新製品が続々と社会に投入され、社会の豊かさが実現されつつあった
③科学技術は社会的・政治的利用の場面と切り離されなく

③-1　科学と政治の交錯する領域で、科学によって問うことはできるが、科学によって答えることができない問題群からなる領域。

③-2　①原子力発電所の故障　　②リスク評価

④　　d

1~2　（省略）

3　［メリット］
・害虫に強い
・病気に強い
・腐りにくい
・味がよくなる
・水が少なくても栽培できる
・収穫量が増える　など
［デメリットやリスク］
・ほかの生物や野生植物への影響
・環境を破壊する可能性がある
・開発コストが高い
・健康不安（害虫に強い遺伝子組み換え食品を食べても大丈夫か？）　など

①

勉強	研究
・答えのわかっている問題や課題を考えること ・先人たちがすでに考えた課題や解いた問題をもう一度自分でやってみて、知識体系である学問を学ぶこと ・自分の個性や独自の考え方を発揮することはできない	・答えのわかっていない課題を考えること ・答えがあるのかどうかさえわかっていない課題、あるいは、考える意味があるのかどうかさえわからない課題を考えること ・同じ研究テーマであっても、研究者の価値観によって、アプローチが違うこと ・研究者自身の個性や価値観が色濃く反映され、「自己表現」につながる ・価値ある謎や課題をみつけること ・深い課題や高い目標が、次々と連鎖されていくもの ・知識体系の「最前線の先」を探っていくこと ・期待通りの成果が出る場合もあれば、予想外の成果につながることもある

② 　 d

③ 　1つの課題の答えが、次の深い疑問や高い目標に対する研究につながること。(35字)

④ 　「勉強と研究」の違いを学ぶ機会がなかったので、非難することはできないと考えている。

⑤ 　 b

① 　①現場に行くことで、現場にしかない資料や、情報さらに、研究を進めるうえでのヒントを得ることができる。
　②様々な出会いや経験を通して、研究者自身が成長し、研究の原点をつくることができる。
　③調査活動が長期にわたって可能になり、研究を発展させるチャンスになる。

② 　①地元の自治体や企業　　②研究環境の整備や、外部資金の獲得
　③大学の研究成果へのアクセス　　④CSRを果たすこと
　⑤メリットのある関係性　　⑥大学が地域づくりの現場に入り込んで実践を行う
　⑦地域づくりのプロパーを育成していく

③ 　地域:人口減少や過疎化、高齢化、財政難という理由から、外部からのサポートを必要としている。
　大学組織:これまでのような学生教育と研究スタイルに限界を感じており、多様な学びのスタイルを取り入れなければ、学生のやる気と成長を引き出せなくなっている。研究者は、研究費の削減から、外部組織と連携せざるを得ない状況となっており、また、地域貢献も求められている。

④ 　a、d、f